Como cuidar da nossa água

BEĨ

arquitetura e design
arte e fotografia
atualidades
gastronomia
guias de viagem
infanto-juvenis
paradidáticos

Há vinte anos, a BEĨ Editora se destaca por oferecer sempre um pouco mais em cada uma de suas publicações.

Com seus selos Ôte e Oirã, a BEĨ cobre hoje uma vasta gama de temas, buscando sempre levar ao leitor mais qualidade, mais prazer, mais informação.

www.bei.com.br
twitter.com/beieditora

BEĨ
"Um pouco mais", em tupi.

Como cuidar da nossa água

BEĨ

Como cuidar da nossa água

Coordenação, projeto editorial e gráfico:
BEÏ

Consultor da Coleção Entenda e Aprenda:
Marcos Sá Corrêa

Edição e texto:
Laura Aguiar e Regina Scharf

Pesquisa:
Fabiana Badra Eid, Julia Moióli e Maria Sylvia Corrêa

Ilustrações:
Thiago Cruz e Luiz Fernando Martini (mapas e infográficos)

Consultoria:
André Luiz Martinelli Santos Silva, Carlos Alberto Stape, Cláudio Hiroyuki Furukawa, David Motta Marques, Gina Luísa Boemer Debert, Leonardo Hasenclever, Luiz Amaro Páschoa da Silva, Luiz Antônio Barbosa Coelho, Mariana A. C. Maciel e Teothonio Pauliquevis Jr.

Agradecimentos:
Carlos Alberto Lancia, Ivanildo Hespanhol, Jorge Rios, Roberto Testezlaf e Rubens Solisol Gondim

Terceira edição

Pesquisa e texto:
Fabiana Pereira e Talita Mochiute

Revisão:
Beatriz de Freitas Moreira

Dados Internacionais de Catalogação na Publicação (CIP)
(Câmara Brasileira do Livro, SP, Brasil)

Como cuidar da nossa água / [coordenação, projeto editorial e gráfico BEÏ; edição e texto Laura Aguiar e Regina Scharf; ilustrações Thiago Cruz, ilustrações e mapas Luiz Fernando Martini]. – 3. ed. – São Paulo: BEÏ Comunicação, 2010. – (Coleção entenda e aprenda/consultor Marcos Sá Corrêa)

ISBN 978-85-7850-047-4

1. Água – Conservação 2. Água – História 3. Água – Uso I. Aguiar, Laura. II. Scharf, Regina. III. Cruz, Thiago. IV. Martini, Luiz Fernando. V. Corrêa, Marcos Sá VI. Série.

10-10592   CDD-333.9116

Índices para catálogo sistemático:
1. Água : Cuidados : Recursos naturais : Economia 333.9116

2010

© BEÏ
Rua Dr. Renato Paes de Barros, 717 4º andar
04530-001 Itaim-Bibi São Paulo SP
Tel.: (11) 3089-8855 Fax: (11) 3089-8899
bei@bei.com.br

Sumário

Antes de mergulhar 8

Em que mundo vivemos, afinal? 9

1 Mitos e Símbolos

As águas do início 12
O incansável oceano grego 13
O pai Oceano 14
Na África e nas Américas 14
Índios carajás 15
Longos cabelos de Deus 16
Mergulhar, batizar, renascer 16
Águas da razão 17
O castigo da grande mãe 18
Conforto e ameaça 19

2 Civilizações Fluviais

Mãe de todos os povos 22
Os filhos do Nilo 23
Engenharia avançada 24
O berço da civilização 27
Multas 28
Entre o amarelo e o azul 29
Rio Azul 30
O Vale do Indo 31

3 Propriedades

Substância única 34
A estrutura molecular 35
Propriedades da água 36
Densidade 36
Ponto de fusão e de ebulição 37
Características físico-químicas 39
Outras águas 43

4 Planeta Água

O início 46
A origem da Terra 47
Eras do gelo 48
Mares e oceanos: questão de tamanho 49
Águas superficiais 50
Águas subterrâneas 52
Ciclo hidrológico 53
Seres vivos 56
A sopa primordial 57
A teoria das fontes termais submarinas 57
Água, planta, bicho 58
O homem e outros bichos 61

5 Usos Múltiplos

Muito mais que matar a sede	64
Um pouco (bem pouco) de física	64
Hidrostática	65
Teorema de Arquimedes	66
Teorema de Stevin	67
Vasos comunicantes	67
Experiência de Torricelli	68
Princípio de Pascal	68
Hidrodinâmica	69
Usinas hidrelétricas	69
Como funcionam as hidrelétricas	70
Impacto e contraimpacto	71
Hidrovias	76
Principais hidrovias brasileiras	77
Pesca	79
Uso estético	81
Recreação	81
Agenda	82

6 Desafio Mundial

Questão de sobrevivência	84
A origem da crise	85
267 bebês por minuto	85
Um rio chamado esgoto	86
O desmatamento	87
Mudança de curso	88
O consumo abusivo	89
Mudanças climáticas	90
Muita para uns, pouca para outros	96
Briga de vizinhos	96
Soluções	97
Agenda	98

7 Brasil, Senhor das Águas

Abundância e escassez	100
Ouro transparente	101
Regiões hidrográficas	101
Região Hidrográfica Amazônica	102
Região Hidrográfica do Atlântico Leste	104
Região Hidrográfica Atlântico do Nordeste Oriental	104
Região Hidrográfica do São Francisco	104
Região Hidrográfica do Parnaíba	105
Região Hidrográfica Atlântico do Nordeste Ocidental	107
Região Hidrográfica do Paraguai	107
Região Hidrográfica do Paraná	108
Região Hidrográfica do Atlântico Sul	109
Região Hidrográfica Atlântico do Sudeste	110
Região Hidrográfica do Tocantins Araguaia	111
Região Hidrográfica do Uruguai	112
Outras águas	120
Das profundezas	120
Áreas úmidas	121
Zona costeira	121

Manguezais	**122**
Disputa	**122**
Poluição	**123**
Ocupação de mananciais	**124**
A seca	**125**
Inundações	**126**
Escrito na lei	**127**
Agenda	**128**

8 Poluição e Desperdício

Uma história antiga	**130**
Poluição	**131**
Poluentes sob a lupa	**132**
Poluição no campo	**134**
Fábrica de problemas	**135**
Mares mortos	**137**
Meios de descontaminação	**138**
Limpando a sujeira	**139**
Desperdício	**140**
Roça perdulária	**141**
Fábricas com sede	**142**
Lar do desperdício	**143**
Políticas públicas	**145**
Agenda	**146**

9 Saneamento

Luxo para poucos	**148**
De onde vem a água que bebemos	**150**
O tratamento	**151**
Esgoto	**153**
Público ou privado?	**157**
O preço da água	**158**
Agenda	**158**

10 Saúde e Prazer

Condução da vida	**160**
Doenças	**160**
Doenças de transmissão hídrica	**161**
Doenças relacionadas ao contato com a água	**163**
Doenças associadas a vetores que se desenvolvem na água	**164**
Doenças relacionadas à higiene	**166**
Doenças de origem hídrica	**168**
Saúde	**169**
Fisioterapia	**170**
Homeopatia	**171**
Águas terapêuticas	**171**
Para beber	**172**
Apêndice: Decálogo do consumidor consciente	**175**

Como cuidar da nossa água

Antes de mergulhar

Lembra-se do que é a água? Aquele líquido incolor, inodoro e insípido que você bebe, que usa para lavar a louça de todo dia, e no qual você pode nadar e se refrescar? Pois é dela mesma que tratamos aqui: dessa substância tão corriqueira, tão entremeada em todos os aspectos da vida que passa quase despercebida – desde que não falte.

Este livro mostra por que hoje ela está no centro de qualquer discussão sobre meio ambiente e desenvolvimento sustentável, seja no Brasil ou no mundo. Os capítulos são independentes entre si e podem ser lidos em qualquer ordem ou consultados apenas quando for necessário esclarecer determinadas dúvidas; no entanto, é inevitável que alguns dos temas se sobreponham e sejam abordados mais de uma vez, sob ângulos diferentes: falar de abastecimento é falar de tratamento, falar de tratamento é falar de esgoto, falar de esgoto é falar de infraestrutura e consumo...

O texto dirige-se ao leitor não especializado, de qualquer idade ou formação, e por isso evita fórmulas (mesmo quando toca em conceitos de física ou química) ou palavras de jargão. Quando são inevitáveis, os termos técnicos vêm acompanhados de explicações.

Nosso objetivo é oferecer informação – apontamos problemas e suas soluções – e pontos para reflexão a todos aqueles que desejem mergulhar num assunto que, mais que atual, é eterno – a água está em toda parte, dentro e fora de nós, no princípio de todas as coisas. E como o tema é dinâmico e vasto, a atualização, após a leitura, é com você.

Como cuidar da nossa água

Nossos quadrinhos

Ao longo de todo este livro, existem boxes com informações complementares. Acompanhados de desenhos e diferenciados por cor, podem trazer dicas, comentários, enfatizar informações do texto ou acrescentar novos dados.

O que é?
Explica termos e conceitos importantes para a compreensão do tema.

Lição de casa:
Traz recomendações e dicas para quem quiser agir ou se aprofundar em um assunto.

Você sabia?
Conta curiosidades e boas surpresas que ajudam a entender o assunto.

Em que mundo vivemos, afinal?

No fim do século XIX, uma epidemia de tifo dizimou, em um ano, 90 mil pessoas em Chicago. A doença continuou fazendo milhares de vítimas ao longo dos dez anos seguintes, até que as autoridades de saúde pública desviaram o curso dos rios Chicago e Calumet para que não despejassem os esgotos da cidade no lago Michigan, que a abastecia. Solução para alguns, problemas para outros. Os esgotos passaram a fluir para o Mississípi, provocando indignação geral e uma onda de rebeliões ao longo do grande rio. Houve até mesmo um processo judicial.

É possível encontrar semelhanças entre a história da epidemia de tifo de Chicago e os problemas que envolvem o gerenciamento dos recursos hídricos na atualidade: a água continua a ser veículo para a disseminação de doenças e ainda provoca discórdia. Basta lembrar o Ganges, rio sagrado para os hindus, que hoje pode contaminar mortalmente os fiéis que nele se banham em busca de purificação; basta olhar para as nascentes do rio Jordão, onde Jesus foi batizado, objeto de disputa entre palestinos e israelenses. Mais que o petróleo, a água será o estopim das guerras do século XXI. É o que preveem muitos estudiosos do assunto.

Entretanto, há também diferenças importantes entre as crises de hoje e as do passado. A maior delas é a consciência, consolidada apenas no fim do século XX, de que a água do planeta pode escassear. Até recentemente, mesmo os cidadãos mais informados mantinham a torneira aberta quando escovavam os dentes, deixavam-se ficar horas no banho ou lavavam longamente as calçadas com mangueiras abertas em jorro ininterrupto, sem constrangimento ou culpa. Grandes empresas, por sua vez, nem sequer cogitavam empregar água reutilizada na lavagem de seu maquinário. Atualmente, sabe-se que o crescimento acelerado da população mundial somado à poluição dos mananciais resulta na progressiva diminuição das reservas de água. Segundo relatório da ONU divulgado em 2009, cerca de 3 bilhões de pessoas no planeta sofrerão com a escassez de água em 2025.

É também importante lembrar o aspecto econômico que permeia o acesso à água própria para consumo. Até o século XIX, o saneamento precário era regra no meio urbano. Na primeira metade do século XX, contudo, as cidades mais ricas já tinham conquistado uma boa estrutura sanitária, enquanto nas mais pobres a água tornava-se cada vez mais imprópria para uso humano e muitas vezes insuficiente. Para o historiador John McNeill, "a história desigual do fornecimento e do tratamento da água urbana a partir de 1880 foi um fator de progressiva diferenciação entre ricos e pobres". Entre os que têm e os que não têm.

Pensar sobre a água, portanto, é refletir sobre poder, política, dinheiro, desperdício. E sobre responsabilidade: dos governos, das empresas e de cada um de nós. Voltamos assim à torneira aberta, à calçada lavada com a mangueira, ao banho demorado: ter atenção voltada para abandonar esses hábitos (e adquirir outros, que serão expostos ao longo deste livro) é garantir o futuro no dia a dia. Afinal, são as atitudes individuais e cotidianas que, no plano coletivo, transformam a realidade. Tudo muito simples, tudo muito claro. Claro como água.

Mitos e Símbolos

1

AS ÁGUAS DO INÍCIO

O INCANSÁVEL OCEANO GREGO

NA ÁFRICA E NAS AMÉRICAS

LONGOS CABELOS DE DEUS

MERGULHAR, BATIZAR, RENASCER

ÁGUAS DA RAZÃO

O CASTIGO DA GRANDE MÃE

As águas do início

Berço da vida, início do universo, purificação dos pecados do mundo: o eterno movimento dos rios e mares, a força fertilizadora que propiciou o florescimento de civilizações, a capacidade de mudar de forma e de estado – tudo contribuiu para que a água se tornasse um símbolo de vastos e complexos significados nas mais diferentes culturas. Quando repetimos um gesto simples, como nos curvar para saciar a sede numa bica, quando nos sentimos renovados após um banho, ou ainda quando sonhamos que nadamos no mar revolto, estamos dando continuidade a uma história cujas raízes se perdem no início da vida humana na Terra.

A imagem das "águas primordiais" que antecedem a criação do universo faz parte do imaginário da maioria das civilizações arcaicas. O historiador Mircea Eliade (1907-86) explica que essa ideia já estava presente na cosmogonia de diferentes populações paleolíticas. Esses mitos giram em torno de uma imensidão de águas, de cujo fundo um espírito ou um animal teria trazido a matéria necessária para a criação do mundo.

Milênios mais tarde, na Mesopotâmia – região entre os rios Tigre e Eufrates, onde se localiza o atual Iraque –, os sumérios atribuíam a origem do céu e da terra à deusa Nammu, cujo nome era representado pelo mesmo pictograma usado para designar "mar primordial". Assim, na concepção sumeriana, antes do universo existia apenas uma grande e indiferenciada massa aquática.

Aqui, como na maior parte dos mitos, a água identifica-se com o princípio feminino. No entanto, a energia criativa aquática está presente também na principal divindade masculina sumeriana: En-ki, filho de Nammu, personificação da Terra. As imagens que chegaram até nós mostram-no inclinando ao chão um cântaro, do qual escorrem dois copiosos jorros de água. Em outras representações, os jorros – nos quais se podem entrever peixes e outros animais – saem diretamente dos ombros do deus. Trata-se de uma alegoria do Tigre e do Eufrates, os rios que propiciavam a vida em meio à aridez do Oriente Médio. Os babilônios, povo que sucedeu os sumérios na Mesopotâmia, explicavam a criação do mundo a partir da

CAPÍTULO 1 – MITOS E SÍMBOLOS

> **Cosmogonia**
>
> É o conjunto de mitos ou teorias que explicam a origem do universo. A palavra cosmos deriva do grego *kósmos*, que quer dizer ordem do universo, organização do mundo.

união entre Tiamat, o mar, e Apsu, as águas doces.

Na cosmogonia egípcia, a Terra emerge do oceano; conforme a época e a região o mito se transforma, e das águas primordiais surge uma flor de lótus, um ovo ou uma serpente. Em qualquer das versões, esse aparecimento simboliza o início da consciência e da vida.

A dependência da civilização egípcia em relação ao Nilo transparece no mito da criação (o movimento da colina emergindo é muito semelhante ao que ocorre no Nilo, quando as águas baixam e montículos de terra lodosa podem ser avistados na superfície da água) e no dia a dia da religião. O próprio rio é personificado como o deus Hapi. Figura masculina, mas dotado de grandes seios, Hapi tem nas mãos uma bandeja com alimentos, numa metáfora cristalina de seu poder fertilizador. Outras divindades, porém, foram associadas à água em determinados momentos da história egípcia. Um deles é Sebek, o deus-crocodilo, às vezes implacável, às vezes generoso – exatamente como as águas que tudo devastam quando incontidas.

As "águas primordiais" também fazem parte da tradição judaico-cristã. De acordo com o Gênesis, livro da Bíblia que descreve a criação do universo, no início dos tempos havia apenas a escuridão indiferenciada, e "o espírito de Deus pairava sobre as águas". Mais uma vez, a água é anterior até ao universo; ela está lá antes mesmo que a força divina – o Verbo – crie a luz, ordenando o caos. No Antigo Testamento, a água é símbolo da vida; as fontes matam a sede, a chuva fertiliza. Deus é comparado ao orvalho e à chuva de primavera. No Novo Testamento a água é sobretudo espírito. É símbolo de purificação, renascimento, regeneração. "Quem beber da água que eu lhe der nunca mais terá sede", disse Jesus Cristo.

O incansável oceano grego

Na mitologia grega existem diversas divindades relacionadas com a criação do mundo e com as forças fecundantes da água.

A *Teogonia* – obra em que o poeta grego Hesíodo (século VIII a.C.) descreve o nascimento do universo e dos deuses – refere-se a Ponto, deus

CAPÍTULO 1 – MITOS E SÍMBOLOS

primitivo do mar, pai de Nereu, "o velho do mar", divindade sábia e benevolente.

O pai Oceano

Outro deus ancestral é Oceano, uma imensidão de água "cujo curso, sem jamais dormir, gira ao redor da Terra imensa", conforme descreve o poeta Ésquilo (525-456 a.C.) em *Prometeu acorrentado*. Com sua irmã Tétis, personificação da fecundidade da água, Oceano teve 3 mil filhos: rios, fontes, nascentes e cursos d'água. São suas filhas também as Oceânides, ninfas marinhas que representavam as múltiplas características do mar.

Ponto e Oceano, os deuses marinhos primitivos, foram cantados apenas nos mitos de origem, e pouco participavam das muitas aventuras e disputas divinas que pontuam as narrativas mitológicas greco-romanas. Mais atuante era Poseidon (Netuno, entre os romanos), uma das doze divindades olímpicas, impetuoso e indomável senhor do reino do mar. Representado com um tridente – originalmente dentes de monstros marinhos –, Poseidon quando irritado tornava-se violento e perigoso. Exatamente como o mar.

O espelho de Narciso

É de origem grega a história de Narciso, jovem de beleza extraordinária por quem se apaixonavam mulheres, deusas e ninfas. Uma delas, desiludida, lançou-lhe uma maldição: ele haveria também de se apaixonar sem esperança de retribuição. Assim aconteceu. Ao debruçar-se num rio para beber água, Narciso viu a própria imagem refletida – e apaixonou-se perdidamente. Atirou-se ao rio e afogou-se, na impossível busca do amado. À beira do rio, surgiu a flor que recebeu seu nome. O termo "narcisismo", hoje, refere-se ao indivíduo extremamente centrado em si mesmo.

Na África e nas Américas

As diversas culturas tradicionais africanas produziram diferentes mitos. Em todos existem divindades ligadas à água, aos rios e cascatas, aos mares e à chuva. Uma delas é Iemanjá, ou Janaína, uma das mais populares divindades dos cultos afro-americanos. Segundo o mito, Iemanjá era filha do deus do mar, que lhe teria dado uma garrafa contendo uma substância mágica, para ser usada em caso de perigo. Ao ver-se perseguida, ela atira no chão a garrafa: o líquido vertido transforma-

CAPÍTULO 1 – MITOS E SÍMBOLOS

se em um rio, que a leva para o oceano. Senhora das águas, Iemanjá era representada na África como uma matrona de grandes seios, símbolo da maternidade e da nutrição; no Brasil e em Cuba, assumiu o aspecto de uma mulher jovem e esguia – e estranhamente branca –, incorporando ao símbolo da fecundidade os atributos da sedução. Também Oxum, divindade dos rios e cachoeiras, preside a fecundidade, tornando férteis as mulheres estéreis e, por analogia, permitindo o sucesso dos projetos iniciados sob suas bênçãos.

Índios carajás

Entre os povos tradicionais brasileiros e americanos a água está presente como motor inicial do universo ou como divindade ligada à sobrevivência diária. Nas narrativas dos índios carajás há referências aos tempos em que eles "ainda se encontravam na água".

Os povos da América pré-colombiana cultuavam deuses ligados aos rios e sobretudo à chuva. Um deles era o maia Chac, pai de uma infinidade de deuses menores. As crianças recém-nascidas eram conduzidas à beira do rio e consagradas à deusa da água, celebrada como verdadeira mãe. Entre os astecas, Tlaloc, deus da chuva e dos raios, presidia as mudanças de clima e provocava, quando encolerizado, secas e inundações. A grande quantidade de sacrifícios humanos em honra desses deuses atesta sua imensa importância para as civilizações pré-Colombo.

Águas vivas, águas mágicas

Todas as épocas e culturas atribuíram a fontes, lagos, rios e nascentes poderes sobrenaturais. Na maior parte das vezes, a "água da vida", vinda de fontes miraculosas, é acessível apenas aos iniciados. Na Índia, os Upanixades (parte final dos Vedas, livros sagrados do hinduísmo) mencionam o "rio sem tempo", que rejuvenesceria quem nele mergulhasse; semelhante a esse mito é a Fonte da Juventude, lenda dos povos indígenas centro-americanos que encantou o explorador espanhol Juan Ponce de León (1460-1521), a ponto de fazê-lo organizar uma expedição ao coração das matas ainda desconhecidas, em busca do manancial milagroso. Ponce de León chegou até a região que hoje corresponde ao estado da Flórida, nos Estados Unidos. O culto às águas mágicas às quais se jogam oferendas ou que atuam como oráculos tem raízes na pré-história e resiste sob diferentes faces até nossos dias: nas moedas que se atiram nas fontes ou nas simpatias que todos os anos se repetem nas festas juninas, quando – há quem jure – copos e bacias d'água exibem o nome de amados secretos ou imagens reveladoras do futuro. É verdade: as familiares "simpatias" são pequenos rituais mágicos que sobreviveram ao tempo e se incorporaram ao nosso cotidiano.

CAPÍTULO 1 – MITOS E SÍMBOLOS

Longos cabelos de Deus

"As vastas águas não tinham margens", afirma um antigo texto hindu: as águas iniciais fundamentam também as religiões asiáticas. De acordo com os Vedas, conjunto de livros sagrados do hinduísmo, na superfície da água foi gerado o ovo do mundo, do qual se originaram todos os elementos; nos hinos religiosos, a água é sinônimo de vida e pureza física e espiritual. As *apsarás*, dançarinas celestes que aparecem frequentemente em estátuas e relevos indianos, surgiram da espuma do mar agitado, o que explica sua delicadeza: são encarnações do feminino e intermediárias do amor divino. Símbolo de tudo quanto há de mais nobre, as águas do rio Ganges são para os hinduístas os longos cabelos do deus Shiva, suavemente espalhados pelas encostas da Índia. O rio recebe, todos os dias, milhares de peregrinos em busca de purificação. Morrer no Ganges é morrer às portas do Paraíso, por isso para lá são levados os doentes sem esperança e os moribundos; ali são também lavados os corpos dos mortos e jogadas suas cinzas – tal como ocorreu com o ex-Beatle George Harrison, seguidor da religião Hare Krishna.

Mergulhar, batizar, renascer

O mergulho purificador no Ganges faz parte de uma longa tradição simbólica. Não é apenas na Índia que entrar na água é livrar-se dos pecados, morrer para a vida mundana, renascer para o espírito. O mergulho ritual faz parte das religiões de origem africana (prática que chegou até nós sob a forma do "descarrego", o banho de sal, o banho de cheiro), das tradições indígenas brasileiras (os noivos xavantes banham-se num rio antes do casamento para assegurar-se da saúde de sua prole), dos cultos arcaicos gregos. São João Batista batizou Jesus Cristo mergulhando-o no rio Jordão, ritual que as religiões cristãs repetem hoje simbolicamente nas cerimônias de batismo.

No mundo antigo, banhavam-se também as imagens de deuses e deusas protetores da agricultura. O cristianismo herdou e reelaborou essas tradições: Mircea Eliade refere-se a rituais de imersão do crucifixo ou de estatuetas da Virgem Maria para atrair a chuva, prática do catolicismo primitivo que, embora condenada pelas autoridades eclesiásticas, sobreviveu até o início do século XX.

CAPÍTULO 1 – MITOS E SÍMBOLOS

Paralelamente à imersão, a ablução – lavagem ritual do corpo ou de partes dele – é também uma prática comum de purificação e limpeza espiritual. Assim, o sacerdote muçulmano não pode conduzir sua prece se não tiver lavado as mãos segundo normas detalhadamente prescritas nos livros sagrados. Jesus lavou os pés de seus discípulos, numa demonstração de amor e humildade. Tempos depois, quando se eximiu da responsabilidade sobre a crucificação de Cristo, Pôncio Pilatos lavou as mãos. Procurava assim afirmar sua pureza e ausência de culpa, e o gesto passou à história como símbolo de omissão voluntária.

Águas da razão

O grego Tales de Mileto (c. 624-546 a.C.) é considerado o iniciador da filosofia ocidental, pois foi o primeiro a buscar uma explicação racional para a origem do mundo. O mito cedia espaço à razão; a água, contudo, permaneceu em foco: Tales afirmava que ela é o elemento primordial, do qual provém tudo o que existe. "Tales de Mileto, o primeiro a indagar sobre tais temas, disse que a água é a origem das coisas e deus é a inteligência que tudo fez da água", afirmou o

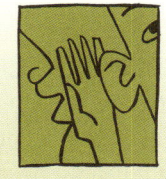

Os quatro elementos e as tradições esotéricas

Proposta originalmente pelo grego Empédocles (c. 490-430 a.C.), a teoria de que tudo o que existe na natureza compõe-se de quatro elementos primordiais – água, terra, fogo e ar – foi retomada no século IV a.C. por Aristóteles (que lhe acrescentou um quinto, o éter, força superior de movimento circular que moveria os astros) e reafirmada muitas vezes ao longo dos tempos. Central no desenvolvimento da alquimia e por consequência da ciência e da química modernas, a teoria só foi definitivamente rechaçada no século XVII, mas seu forte caráter simbólico continua permeando nosso dia a dia de várias maneiras. Nela se baseiam, por exemplo, as concepções da astrologia, uma prática extremamente popular no mundo moderno. Para os astrólogos, os quatro elementos regem os doze signos do zodíaco. Os signos da água – Câncer, Escorpião e Peixes – relacionam-se à maternidade, à feminilidade, à intuição e ao desenvolvimento espiritual e esotérico. Para a sabedoria tradicional chinesa os elementos da natureza são cinco: madeira, metal, fogo, terra e água, que corresponde ao princípio feminino, à Lua. No antigo *I Ching*, livro milenar que se tornou mundialmente conhecido, a água é representada pelo trigrama (imagem composta pelo conjunto de três linhas) Kan, o abismal, símbolo tanto de perigo como de regeneração.

orador romano Cícero (106-43 a.C.) sobre o filósofo.

Os pensadores que sucederam a Tales contestaram suas hipóteses, mas o ciclo da água permaneceu como fonte de reflexão e metáfora para o eterno movimento da vida. O mais perfeito exemplo são as palavras de outro sábio grego, Heráclito de Éfeso (540-475 a.C.), que no século VI a.C. afirmou: "Ninguém se banha duas vezes no mesmo rio". As águas serão sempre outras, e a pessoa também.

No início do século XX, os psicanalistas Sigmund Freud (1856-1939) e Carl G. Jung (1875-1961) viam na água um símbolo do inconsciente, da maternidade e da feminilidade, relacionando-a ao líquido amniótico: mergulhar é voltar a um estado de segurança e paz perfeita, tal como o propiciado pelo útero materno.

Conforme o filósofo francês Gaston Bachelard (1884-1962), a água é maternal porque seu movimento rítmico embala, como a mãe acalenta seu filho nos braços, ou como o corpo feminino acolhe o bebê no útero: a água traz a cada pessoa lembranças afetivas inconscientes, imemoriais. Do início dos tempos, do início da vida.

O castigo da grande mãe

Se é símbolo da vida, a água também pode significar destruição, fúria incontida, castigo, morte. O Velho Testamento, por exemplo, refere-se ao dilúvio com que Deus teria punido a devassidão da humanidade: apenas o justo Noé e sua família escaparam da cólera divina refugiando-se na arca acompanhados de pares de animais que, passadas as chuvas torrenciais, povoaram a Terra novamente.

O chamado dilúvio universal não é exclusividade da tradição judaico-cristã. A narrativa é semelhante à da epopeia de Gilgamesh, dos sumérios, e há indícios de que os povos semitas tenham se inspirado nela. De acordo com alguns estudiosos, os relatos coincidem porque refletem um fato real: as enchentes que ocorreram no fim da última era glacial. "As geleiras encolheram rapidamente, liberando no oceano milhões de toneladas de água doce. [...] Os níveis do mar subiram rapidamente, inundando plataformas continentais e mudando dramaticamente a geografia do planeta", descreve o antropólogo inglês Brian Fagan. O início desse processo teria acontecido por volta de 13.000 a.C.

Mais que o fato histórico, porém, interessa aqui o símbolo: assim como o mito cosmogônico das águas primordiais, o grande dilúvio está pre-

CAPÍTULO 1 – MITOS E SÍMBOLOS

sente na mitologia de povos tradicionais da Polinésia e da América, da Ásia, da África e da Europa. Em todas as lendas, as águas são castigo para os maus, os injustos e os ímpios. Punição de uma mãe implacável, mas capaz de poupar os filhos bons, de purificar os erros, de dar início a uma humanidade nova e mais evoluída.

O perigo da água não está apenas na punição pelas chuvas torrenciais e pelas enchentes. A fúria de Poseidon aterrorizava os gregos, que procuravam acalmar o deus rendendo-lhe homenagens e sacrificando-lhe animais nas praias. Com um simples movimento de seu tridente, o senhor dos mares causava maremotos e terremotos, tempestades, inundações gigantescas. O terror suscitado pela água, aliás, não se limitava a Poseidon. As belas ninfas dos rios, fontes e lagos podiam enlouquecer quem delas se aproximasse ou levar crianças para o fundo das águas.

São muitas as figuras de diversas mitologias que associam divindades aquáticas ao mal traiçoeiro: as sereias enfeitiçavam com seu canto os marinheiros para devorá-los; contos medievais da Europa Central mencionam a "ondina do lago", que atraía e afogava rapazes e crianças. Povos indígenas brasileiros acreditavam em espíritos nefastos da água e, segundo o folclorista brasileiro Luís da Câmara Cascudo (1898-1986), os associaram às histórias de sereias trazidas pelos portugueses. O resultado é a lenda da Iara, a mãe-d'água, bela e cruel como sua parenta europeia. É fácil relacionar esses mitos ao do boto, que – de acordo com as comunidades próximas ao rio Amazonas – seduz donzelas com seus dotes de bailarino e deixa-as solitárias e grávidas antes de submergir no grande rio e abandoná-las para sempre.

Conforto e ameaça

A água revela, assim, essa dualidade: princípio feminino, fecundo e maternal, é também símbolo da cólera avassaladora e da destruição completa; substância propiciatória para todas as civilizações, é também ameaça, pavor e abismo. Por fim, embora tenha sido divinizada ao longo de milênios e ainda simbolize a paz e a pureza no inconsciente coletivo, tornou-se destino dos dejetos das sociedades industriais. Destituída de qualquer sacralidade, ela parece preparar sua vingança: calcula-se que num futuro próximo a escassez de água potável afetará bilhões de pessoas. Se esse futuro se concretizará ou não depende das atitudes que tomamos. Nós – indivíduos, sociedades e governos – podemos escolher se devolveremos à água seu poder regenerador ou vamos deixá-la transformar-se novamente na mãe terrível e punitiva dos antigos mitos.

Água na tela

Fonte de inspiração para dezenas de cineastas no mundo, a água já foi abordada de diferentes formas. No filme *Solaris*, dirigido em 1972 pelo cineasta russo Andrei Tarkovsky, o elemento central é um oceano capaz de materializar os desejos do inconsciente humano. Obra-prima da história do cinema, esse é um excelente exemplo de como a força simbólica da água se traduz nas telas. Baseado no romance homônimo do escritor polonês Stanislaw Lem, conta a história de um psicólogo que é enviado a uma estação espacial a fim de investigar o estranho comportamento da tripulação. Ele descobre que o planeta-oceano ao redor do qual a estação orbita é dotado de inteligência própria, tornando real aquilo que cada um carrega dentro de si – o que, mais que aterrorizante, pode ser enlouquecedor. Uma nova versão do filme foi rodada em 2002 pelo americano Steven Soderbergh.

Mas muito antes de Tarkovsky, o cinema já havia recorrido a imagens relacionadas à água. Em 1927, o alemão F. W. Murnau dirigiu *Aurora*, em que um camponês planeja matar a esposa durante um passeio de barco – e o cineasta usou magistralmente os reflexos da água, a superfície pantanosa das margens. Em 1931, o brasileiro Mário Peixoto fez *Limite*, no qual três personagens, à deriva em alto-mar, lembram-se de suas histórias. Passado e presente mesclam-se, e a água dá o tom de sonho e de irrealidade à ação. O francês Jean Vigo contou, em *O Atalante* (1934), a história de um homem à procura da esposa, que abandonara o barco em que ambos viviam – e que percorria o rio Sena – para experimentar horizontes mais amplos em Paris. Em certo momento, o marido, desesperado, mergulha no mar em busca da mulher, numa cena de grande importância simbólica e poética. O mar também assume um significado especial na cena final de *Os Incompreendidos* (1959), do francês François Truffaut: fugindo do reformatório onde o encarceraram, um adolescente banha-se no mar, signo ambíguo de incerteza e esperança.

Não é preciso, porém, ir tão longe no tempo para descobrir exemplos. Em 2002, o filme japonês *Água quente sob uma ponte vermelha*, de Shoei Imamura, trabalhou com as relações ancestrais entre água, sexualidade e feminilidade ao contar a história de uma mulher da qual jorra uma fonte durante o ato sexual. A água, portanto, esteve presente no cinema desde seus primórdios até as realizações do século XX. A lista de filmes em que ela desempenha papel central simbólica ou narrativamente é infindável, e abrange títulos tão diversos quanto *O monstro da lagoa negra* (Jack Arnold, 1954), *Amargo pesadelo* (John Boorman, 1972), *Tubarão* (Steven Spielberg, 1975), *Uma aventura na África* (John Houston, 1952), *Imensidão azul* (Luc Besson, 1988), *O segredo do abismo* (James Cameron, 1989), *Impacto profundo* (Mimi Leder, 1998), *Waterworld, o segredo das águas* (Kevin Reynolds, 1995), *Mar em fúria* (Wolfgang Petersen, 2000) e *Náufrago* (Robert Zemeckis, 2000). E, para encerrar com delicadeza essa lista inevitavelmente repleta de lacunas, é importante mencionar *Os amantes da chuva* (1978), de Roberto Santos, e *Chuvas de verão* (1978), de Cacá Diegues, duas produções brasileiras em que a água, sob a forma de tempestade, é purificadora e amorosa.

Civilizações Fluviais

2

MÃE DE TODOS OS POVOS

OS FILHOS DO NILO

O BERÇO DA CIVILIZAÇÃO

ENTRE O AMARELO E O AZUL

O VALE DO INDO

CAPÍTULO 2 – CIVILIZAÇÕES FLUVIAIS

Mãe de todos os povos

"Não sei muito acerca de deuses, mas creio que o rio é um poderoso deus castanho – taciturno, indômito e intratável." O poeta anglo-americano T. S. Eliot (1888-1965) refere-se (em "The Dry Salvages", poema de 1943) ao Mississípi, mas as palavras poderiam se referir a muitos outros cursos d'água: em diversos pontos do tempo e da história, os rios foram divinizados e são efetivamente deuses no sentido de ter – ainda hoje – o poder de determinar a vida e a morte de populações inteiras.

O estabelecimento de povos nômades em regiões próximas de grandes rios, onde as terras são férteis e o transporte é fácil, remonta ao período Neolítico (6000-2500 a.C.), quando o homem começou a fabricar instrumentos e a praticar uma rudimentar agricultura. A água esteve presente na formação de um sem-número de cidades e culturas. Rios como Sena, Tejo e Tâmisa, por exemplo, são parte da história e da identidade de Paris, Lisboa e Londres, respectivamente. Mais que se erguer às margens de rios, algumas cidades nasceram sobre eles e cresceram debruçadas sobre suas águas; outras são cortadas por canais de águas salinas ou doces – basta lembrar Veneza, Amsterdã ou Recife. O Mississípi de Eliot, com suas imensas plantações de cana e algodão cultivadas à custa da mão de obra negra, foi o eixo da economia dos Estados Unidos, o cenário de seus maiores conflitos sociais e também o berço de suas mais importantes expressões culturais – o jazz e o blues.

No Brasil, o rio Tietê guiou os bandeirantes que se embrenharam nas inexploradas matas de São Paulo, alargando as fronteiras da colônia; o São Francisco integrou as imensidões do sertão ao resto do país. Mesmo cursos d'água modestos desempenharam papéis relevantes na história humana: o ouro que faiscava nos pequenos córregos de Minas sustentou durante muito tempo a Coroa portuguesa.

Além de cidades e países, há civilizações inteiras cuja existência só pode ser compreendida em função dos rios que as alimentavam. Uma delas é o Egito, a que o historiador grego Heródoto (484-430 a.C.) chamou de "dádiva do Nilo", tamanha a

CAPÍTULO 2 — CIVILIZAÇÕES FLUVIAIS

dependência do império em relação ao grande rio; outra é a Mesopotâmia, planície entre os rios Tigre e Eufrates (o nome da região significa exatamente "entre rios" em grego), onde se desenvolveram cidades-Estado de legendária riqueza e poder. A China nasceu às margens férteis e instáveis do rio Amarelo. No vale do rio Indo, no Paquistão, floresceram as antigas cidades de Harapa e Mohenjo-daro, que dariam origem à civilização indiana. Acompanhar a trajetória dessas culturas é confirmar que a história do homem é a história de sua relação de domínio e sujeição à natureza e especialmente à água. Novamente é T. S. Eliot quem, no mesmo poema, afirma: "o rio flui dentro de nós".

Os filhos do Nilo

Para os antigos egípcios, o Nilo era simplesmente "o rio". É fácil compreender o misto de intimidade e reverência aí embutido: o rio permeava todas as atividades do dia a dia; permitia a glória do império e a sobrevivência do povo às suas margens.

O Nilo corta a região Nordeste do continente africano, percorrendo mais de 6 mil quilômetros no sentido sul-norte, num percurso longo e acidentado. Sua fonte mais remota é o rio Kagera, em Ruanda, de onde escoa até o lago Vitória, entre a Tanzânia, o Quênia e Uganda; após correr por um trecho acidentado, deságua no lago Albert, em Uganda. Daí segue – sob o nome de Nilo Branco – em direção a Cartum, no Sudão, onde se junta com o Nilo Azul, nascido na Etiópia. Desse encontro surge uma poderosa corrente que desaguará ao norte, no mar Mediterrâneo. No trecho final, o rio se abre em leque, subdividindo-se em vários cursos menores: é o Delta, como o chamaram os gregos, inspirados em seu formato triangular (delta é a quarta letra do alfabeto grego, representada por um triângulo).

Em Cartum o rio se precipita numa grande catarata. As seis quedas-d'água do Nilo são contadas no sentido norte-sul. A primeira fica na ilha Elefantina, a partir de onde se desenvolveu o império egípcio. No vale – uma estreita faixa verde (a largura oscila entre 15 e 25 quilômetros), ladeada por desertos e montanhas de extrema aridez – o Egito cresceu como um grande oásis, estendendo sua influência e seu poder de cerca de 3000 a.C., quando as tribos primitivas se unificaram sob a cidade de Mênfis, até 300 a.C., quando Tebas se submeteu ao exército de Alexandre, o Grande.

Em função do rio, a geografia física e política do Egito sempre foi cindida. A região norte, próxima ao Del-

CAPÍTULO 2 – CIVILIZAÇÕES FLUVIAIS

ta e mais fértil, compunha o chamado Baixo Egito; no sul, mais seco, desenvolveu-se o Alto Egito. Tratava-se, assim, de uma monarquia dual, em que o faraó reinava sobre as duas parcelas. Há uma estreita relação entre o processo de consolidação da monarquia e a necessidade de controlar as águas do Nilo. O rio foi personagem central no desenvolvimento político, econômico e social do império.

Ao contrário do que acontece na Mesopotâmia, as enchentes do Nilo eram regulares e previsíveis. Assim, já em 5000 a.C. os egípcios haviam dividido o ano em três estações, segundo o movimento do rio: a Inundação ia de julho a novembro, quando os campos ficavam submersos pelas cheias; a Saída, de novembro a fevereiro, marcava o reaparecimento da terra e a época da semeadura (o rio deixava nos campos imensa quantidade de aluvião, limo que fertilizava a terra); a Colheita acontecia entre março e junho. Decorria daí a organização social: a Inundação liberava, durante quatro meses, a mão de obra dos agricultores, que podiam assim dedicar-se a outras atividades – o artesanato, a construção das grandes obras faraônicas e das vitais instalações de irrigação. Também o tempo ocioso entre a semeadura e a colheita permitia que os agricultores se aventurassem em cultivos mais complexos, transportando água para regiões mais secas.

Engenharia avançada

Na época da Primeira Dinastia (c. 3200 a.C.), já havia no Antigo Egito

Instrumentos egípcios para domar as águas

Nilômetro: dispositivo utilizado para medir o nível do Nilo durante as enchentes. Eram poços escavados na margem, com comunicação com o rio. Nas paredes de pedra havia marcas da altura atingida pela água. Existia um próximo da atual cidade do Cairo, um em Elefantina, após a primeira catarata, e outros espalhados ao sul.
Parafuso de Arquimedes: rosca embutida num tubo utilizada para transportar água de um nível para o outro. Mergulha-se uma extremidade do mecanismo e gira-se o conjunto: a água sobe pela rosca e transborda pela parte superior. Embora a invenção do aparelho seja classicamente atribuída ao cientista grego Arquimedes (287-212 a.C.), há indícios de que era utilizado pelos egípcios muito antes disso.
Shaduf: mecanismo para captação de água que consistia num tronco fincado à beira d'água, sobre o qual se apoia uma vara longa. Numa das extremidades da vara, atava-se um contrapeso; na outra, uma bolsa de couro ou um recipiente de cerâmica. Baixava-se o recipiente manualmente até a água e depois o contrapeso o erguia. De origem mesopotâmica, foi introduzido no Egito no século XIV a.C.

CAPÍTULO 2 — CIVILIZAÇÕES FLUVIAIS

uma avançada engenharia hidráulica. Instalações sanitárias com água corrente eram comuns mesmo em casas humildes. As cidades eram abastecidas por grandes poços, aos quais se descia por meio de escadas de pedra. O sistema de irrigação de Mênfis, construído por Menés, o primeiro faraó, e ampliado pelos seus sucessores, tornou-se famoso na Antiguidade. Ao longo do tempo, esse sistema foi se aperfeiçoando. Às margens do Nilo multiplicaram-se grandes diques, erguidos em ângulo reto em relação ao curso do rio. Desses reservatórios partiam canais que levavam a água excedente de volta ao rio e irrigavam os campos mais distantes e secos. Nos últimos anos do império, foi introduzido no Egito um sistema de irrigação

Em busca das nascentes do Nilo

A procura das nascentes do Nilo constitui-se num capítulo à parte na história das grandes aventuras humanas. Durante séculos, o ponto exato em que o rio surge foi um mistério. Sabia-se apenas que o Nilo Branco continuava ao sul de Cartum. Em 66, o imperador romano Nero mandou uma tropa em busca da fonte, mas não obteve informações; em 150, o geógrafo grego Ptolomeu (87-150) desenhou um mapa em que, seguindo o relato de mercadores e viajantes, situava as nascentes num conjunto de montes cobertos de neve, aos quais chamou Montanhas da Lua.

As lendas sobre lagos e montanhas geladas no coração da África atravessaram os tempos. Em 1856, a Royal Geographical Society encarregou o explorador inglês Richard Burton (1821-1890) de descobrir as nascentes do rio. Durante dois anos, Burton e o caçador John Hanning Speke percorreram a região Centro-Meridional do continente, chegando até o lago Tanganica. Ficaram tão debilitados que precisaram suspender a expedição; Speke, porém, refez-se rapidamente e partiu sozinho em direção ao nordeste, descobrindo o lago Vitória: para ele, a nascente do Nilo estava descoberta. Burton jamais aceitou a teoria de Speke. De volta à Inglaterra, os dois aventureiros travaram uma série de debates públicos até a morte de Speke.

Em 1866, a Royal Geographical Society enviou à África o explorador e missionário David Livingstone (1827-1864), que deveria localizar o ponto exato da fonte do Nilo e colocar fim à controvérsia. Em 1871, após sucessivas aventuras, Livingstone chegou ao ponto de encontro dos rios Congo e Lualaba – era o primeiro homem branco a penetrar na região. Foi dado como morto até ser encontrado pelo jornalista Henry Morton Stanley, do jornal *New York Herald*, enviado à sua procura. As palavras de Stanley ao vê-lo – "Doutor Livingstone, eu presumo?" – passaram para a história. Stanley não conseguiu convencê-lo a voltar para a Inglaterra. Obcecado pela procura das fontes do Nilo, o explorador permaneceu na África, onde morreu em 1873. As nascentes do Nilo continuam sendo motivo de polêmica: alguns geógrafos situam-nas no lago Vitória, como afirmava Speke; outros localizam suas fontes mais remotamente, no Ruvyronza, um dos braços superiores do rio Kagera.

CAPÍTULO 2 – CIVILIZAÇÕES FLUVIAIS

de origem mesopotâmica baseado na construção de túneis subterrâneos. Para celebrar a criação de uma vasta rede desses túneis foi erguido o templo de Amon, em Tebas.

A necessidade de prever as enchentes, de construir obras para contê-las, de demarcar terras sujeitas à caótica invasão das águas forçou os egípcios a desenvolverem habilidades matemáticas extremamente sofisticadas.

Poucos documentos sobre a legislação do Antigo Egito chegaram até nós. Pode-se inferir, de forma indireta, o controle exercido pelo governo sobre a irrigação dos campos. Há, por exemplo, uma passagem do *Livro dos mortos* – descrição das crenças religiosas sobre a morte – que se refere ao "tribunal da irrigação" que esperaria o homem no além-túmulo, o que provavelmente reproduz uma instância jurídica real da sociedade egípcia. O mesmo texto afirma que o morto deveria declarar solenemente para seus juízes que não havia mata-

O crescente fértil

Egito e Mesopotâmia desenvolveram-se no chamado "Crescente fértil", uma ampla região em forma de arco que se estende do vale do Nilo aos rios Tigre e Eufrates. Essa extensa meia-lua – um oásis de fertilidade em meio a uma paisagem árida – permitiu o cultivo de grãos, cereais, hortaliças e de pastagens para o gado.

CAPÍTULO 2 – CIVILIZAÇÕES FLUVIAIS

do, roubado ou – pecado capital – "represado água corrente".

Mais que propiciar a fertilidade das terras egípcias, o Nilo foi precioso como via de comunicação e de escoamento de mercadorias, e os egípcios mostraram-se hábeis construtores de barcos.

Sobre as águas deslizavam canoas feitas de junco, próprias para a pesca ou para a passagem de uma margem à outra, e barcos de tamanho variado – alguns muito grandes – movidos a remo ou a velas quadradas, que transportavam produtos agrícolas, obeliscos, gado etc. Em 1200 a.C., no período conhecido como Reino Novo, o faraó Ramsés III formou uma esquadra de guerra composta por navios mais estreitos que os de uso comercial, que podiam abrigar até 250 soldados. Com eles, o exército egípcio podia enfrentar tentativas de invasão de estrangeiros vindos do Mediterrâneo. Nos rituais religiosos e no conjunto de credos egípcios é corriqueira a alusão a barqueiros e barcos que transportam o defunto ora para o mundo inferior, ora para sua morada definitiva: uma metáfora da passagem que é a morte, claro, mas também a representação de uma realidade muito concreta e cotidiana – o universo do além-túmulo espelha o dos vivos.

O berço da civilização

É muito frequente a afirmação de que os agrupamentos humanos que se desenvolveram nas proximidades do Tigre e do Eufrates são os iniciadores da civilização ocidental. O lugar-comum tem razão de ser: na Mesopotâmia nasceram as cidades, o comércio, a lei e a escrita; ali foi inventada a roda, item fundamental para todo desenvolvimento mecânico e tecnológico da humanidade. Ali, enfim, o homem conseguiu exercer algum controle sobre a natureza, domando a força da água e utilizando-a em seu favor.

O Tigre e o Eufrates nascem nas montanhas da Armênia, separam-se e voltam a aproximar-se na região correspondente ao atual Iraque, desaguando no Golfo Pérsico. O vale por eles formado é uma grande planície de aluvião, totalmente coberta pela água durante as enchentes do rio. Entretanto, na Mesopotâmia, essas enchentes eram irregulares e imprevisíveis. Nas regiões mais baixas, próximas ao Golfo, a água ficava estagnada, formando pântanos insalubres; nas mais altas, o solo secava rapidamente depois das inundações, abrindo-se em gretas. Assim, já os primeiros povos que se fixaram na região – há registros de povoações anteriores a 5000 a.C. – precisaram

CAPÍTULO 2 – CIVILIZAÇÕES FLUVIAIS

Do lado de cá do Atlântico

As civilizações da América pré-colombiana também desenvolveram grandes sistemas hidráulicos para aproveitar as águas fluviais. As cidades da cultura nazca, que se desenvolveu entre 200 a.C. e 600 d.C. na zona desértica do Sul peruano, eram abastecidas por aquedutos; poços em espiral chamados puquios captavam águas subterrâneas. Os incas, que no ano 1200 dominavam toda a região andina do Peru, canalizaram a água dos rios das planícies para permitir a agricultura em grandes altitudes. Os dutos levavam a água até os andenes, amplos terraços em que se cultivavam raízes, hortaliças, frutas e grãos.

No Sul do México e na América Central, a civilização maia (cujo apogeu ocorreu aproximadamente no ano 250) também desenvolveu a engenharia hidráulica. Os campos eram irrigados, e havia um eficiente sistema de captação das águas da chuva, com grandes reservatórios. Por volta do século X, as cidades maias foram abandonadas, e a civilização entrou em decadência. Uma das hipóteses levantadas pelos arqueólogos para explicar o súbito colapso é a de que uma sucessão de quatro longos períodos de estiagem secou os rios e extinguiu a agricultura.

No México, Tenochtitlán, capital do império asteca, foi construída por volta de 1345 numa ilha no lago Texcoco. A cidade era cortada por uma grande rede de canais que abastecia a população e irrigava seus grandes jardins. Os conquistadores espanhóis destruíram Tenochtitlán e ergueram sobre ela a atual Cidade do México. O Texcoco foi aterrado. Hoje a cidade – a mais populosa do mundo – lentamente afunda sobre o solo instável do antigo lago.

---

construir sistemas hidráulicos que os protegessem de enchentes e permitissem o cultivo de grãos.

Essas obras primitivas foram retomadas e ampliadas por sumérios e acadianos, estabelecidos respectivamente ao sul e ao centro da região em cerca de 3000 a.C. Nessas civilizações, a engenharia recebeu intenso impulso: foram construídos sistemas de drenagem das áreas pantanosas e de irrigação das áreas secas por meio de grandes canais; abriram-se ainda canais que ligavam o Tigre ao Eufrates.

Uma longa sucessão de povos e civilizações seguiu os sumérios e os acadianos: a história da Mesopotâmia é feita de guerras e de dominação, de desaparecimento e surgimento de cidades. Em todas, o eixo do poder político estava no controle das águas: a ordem social, a unidade dos reinos e a manutenção da autoridade dependiam estreitamente da administração dos sistemas hidráulicos.

Multas

Babilônia, erguida à margem do Eufrates, estendeu seu domínio pelo vale mesopotâmico no segundo milênio antes de Cristo. Dela nos chegou

CAPÍTULO 2 — CIVILIZAÇÕES FLUVIAIS

Os jardins suspensos da Babilônia

Muitos mistérios envolvem os jardins suspensos da Babilônia: sua própria existência tem sido questionada por alguns arqueólogos e historiadores e confirmada por outros. Uma das sete maravilhas do mundo antigo, os jardins teriam sido construídos pelo rei Nabucodonosor em cerca de 600 a.C., para alegrar sua esposa, entediada com a monotonia da paisagem. Erguidos às margens do rio Eufrates, eles buscavam, portanto, reproduzir colinas verdejantes num ambiente desolado. Para isso, foram projetados seis terraços superpostos, repletos de espelhos-d'água e vegetação exuberante. Havia dois desafios: um era levar a água até os pavimentos mais altos; o outro, impermeabilizar o solo dos terraços para que estes não comprometessem as gigantescas fundações da obra. O primeiro problema foi resolvido com um sistema de roldanas que elevava grandes recipientes d'água. A impermeabilização foi obtida com a aplicação de betume, derivado de petróleo bastante utilizado em toda a Antiguidade – segundo a Bíblia, foi com esse produto que Noé impermeabilizou sua arca.

o conjunto de leis conhecido por Código de Hamurabi, que nos permite reconstruir com bastante precisão os costumes e os valores mesopotâmicos. A importância da água nesse universo é evidenciada pelas passagens que prescrevem punições a quem prejudicasse o sistema de captação e distribuição de águas e multas a quem roubasse instrumentos usados na irrigação. Em Nínive, capital dos assírios (povo que dominou a Mesopotâmia em cerca de 800 a.C.), o aparato hidráulico era ainda mais vital. Localizada na região montanhosa e árida ao norte do vale, a cidade era abastecida com águas captadas nas montanhas por um complexo sistema de galerias.

A exploração dos rios da Mesopotâmia permitiu um extraordinário desenvolvimento da agricultura e das cidades e estimulou o comércio e a comunicação entre povos. Por outro lado, a irrigação excessiva durante milênios acabou salinizando o solo e conduzindo à desertificação da planície.

Entre o amarelo e o azul

"Tristeza da China" é a forma como os chineses chamam o Huang-ho, o rio Amarelo. Durante milênios, suas violentas enchentes causaram destruição e morte de populações instaladas próximo às suas margens. A maior delas, em 1887, atingiu onze cidades e matou 900 mil pessoas. Um paradoxo cruel, pois foi esse rio imprevisível e violento que determinou o surgimento da civilização chinesa e permitiu sua sobrevivência desde o período Neolítico, quando os primeiros agricultores se fixaram às suas margens.

O que faz o Huang-ho tão propício para a agricultura é o loess, uma espécie de argila muito fina e amarelada (daí a cor e o nome do rio) que as águas carregam quando atravessam o deserto de Gobi. Nascido no Tibete, o rio percorre um trajeto de 5.400 quilômetros até desembocar no mar Amarelo – também tingido pelas areias das montanhas. Quando as cheias começam, as extensas planícies do vale e o delta do rio cobrem-se de água; ao secar, o solo fertilizado pelo loess favorece o cultivo de grãos, hortaliças e serve de pastagem para o gado. Assim como aconteceu na Mesopotâmia e no Egito, essa combinação de fecundidade e perigo obrigou os chineses a desenvolverem, por questão de sobrevivência, uma série de recursos tecnológicos: canais, barreiras e drenos expandiram-se em ambas as margens do rio.

O fundador mítico da primeira dinastia chinesa – a Hsia, que teria se estendido de 2200 até 1700 a.C., e sobre cuja existência ainda pairam muitas dúvidas – é Yu, aclamado imperador após controlar por meio de diques e canais as grandes inundações do Huang-ho. Segundo a lenda, Yu trabalhou durante nove anos (ou 13, conforme a versão) para conseguir conduzir as águas do rio até o mar. Em aproximadamente 1760 a.C., as tribos que margeavam o rio foram unificadas. Surgia a Shang, a primeira dinastia histórica da China.

Rio Azul

Mas o Amarelo não é o único grande rio chinês. Ao sul do território corre o Yang-tsé, o rio Azul, o terceiro maior do mundo, atrás apenas do Nilo e do Amazonas. O rio Azul nasce no Tibete, como o Amarelo, e deságua perto de Nanquim; como ele, é sujeito a gigantescas inundações (uma das maiores, se não a maior, ocorreu em 1998 e deixou 4 mil mortos). A dinastia Zhou, que sucedeu a Shang em 1050 a.C., estendeu o império até suas margens. Nas grandes planícies entre os dois cursos d'água a agricultura floresceu, auxiliada pela fertilidade natural da terra molhada pelos rios e pelos canais de irrigação que se disseminaram pelo território. O arroz era cultivado em grandes terraços próximos dos rios.

A história da China assistiu a períodos de pulverização do poder e de integração. Ainda assim, a construção e a manutenção dos sistemas hidráulicos permaneceram ativas. Rios e canais, cada vez mais empregados como meio de comunicação e transporte, viram-se coalhados por embarcações – os famosos juncos chineses. A quantidade de reservas subterrâneas determinou a abertura de poços por todo o território; os primeiros registros datam do século III a.C., embora alguns autores afirmem que já no Neolítico se escavava o chão para captar água.

A mais espetacular obra da engenharia hidráulica chinesa, porém, é o Grande Canal. As construções iniciaram-se em 486 a.C., sob a dinastia Wu, e foram terminadas em 610. O canal tem quase 1.800 quilômetros de extensão e liga Pequim, ao norte, a Hanzhou, ao sul, unindo os rios Amarelo e Azul e outros três grandes rios do território chinês. Como os rios chineses correm no sentido oeste-leste, uma via de comunicação norte-sul foi fundamental para o escoamento de mercadorias e a integração do território. A maior parte do canal continua em atividade até hoje.

O Vale do Indo

Nas primeiras décadas do século XX, uma série de escavações arqueológicas no norte do Paquistão revolucionou o conhecimento sobre as origens remotas da civilização indiana. Ali, às margens do rio Indo, foram encontrados vestígios de duas grandes cidades construídas aproximadamente no ano 3000 a.C., e em muitos aspectos mais desenvolvidas tecnologicamente que suas contemporâneas, a mesopotâmica e a egípcia. As cidades eram Mohenjo-daro e Harappa, e a civilização a que pertenciam recebeu o nome de harapânica; novos achados revelaram outros núcleos urbanos que praticavam a agricultura à margem

O grande tanque de Mohenjo-daro

Separado das construções residenciais, sobre uma elevação artificial de 12 metros de altura, erige-se em Mohenjo-daro um imponente edifício. Trata-se de uma piscina ou tanque de 12 × 8 metros, com 2,4 metros de profundidade, ao redor da qual dispunham-se pequenos aposentos, provavelmente usados como vestiários. A piscina, possivelmente utilizada em cerimônias religiosas e abluções rituais, era impermeabilizada por uma combinação de betume e várias camadas de tijolos de barro. Para enchê-la, os usuários recorriam a um poço escavado no lado externo do prédio; um orifício permitia o escoamento da água usada. Ao norte dessa estrutura, encontra-se outra, composta por oito recintos; em cada um havia um tanque de cerca de 3 × 2 metros. Arqueólogos acreditam que essas piscinas individuais eram reservadas aos sacerdotes mais importantes ou às grandes autoridades da cidade, enquanto as pessoas comuns utilizavam o tanque coletivo.

do rio e o utilizavam intensamente como via de comunicação.

O rio Indo nasce no Tibete e deságua no mar de Omã, percorrendo quase 3 mil quilômetros. As cidades às suas margens foram construídas sobre elevações artificiais, montes de pedra e adobe (tijolo grande de argila) que visavam protegê-las das frequentes inundações. Por causa delas, provavelmente, Mohenjo-daro foi reconstruída mais de uma vez, e foram erguidos diques e barreiras em diversos pontos.

Assim como as outras civilizações hidráulicas orientais, a harapânica floresceu graças à fertilidade da planície de aluvião do Indo. O rio permitia a integração entre as várias cidades e o comércio do excedente agrícola com outras regiões; há indicações de que o vale do Indo manteve relações comerciais com a Mesopotâmia. As cidades tinham ruas retas e regulares, paralelas ao rio, por onde corriam galerias de esgoto; as casas de adobe possuíam, portanto, instalações hidráulicas.

A civilização harapânica começou a declinar em cerca de 1800 a.C., por causas ainda não esclarecidas. Segundo uma hipótese, houve nessa época uma dramática mudança climática; a redução das chuvas e o aumento da aridez do solo obrigaram a população a dispersar-se em direção ao sul e ao leste em busca de terrenos mais férteis, esvaziando as zonas urbanas. O comércio com regiões mais distantes enfraqueceu-se também. Em 1500 a.C. um povo indo-europeu, os árias, invadiu o vale do Indo e estendeu sua influência até as planícies do Ganges – também imenso, caudaloso, propício ao cultivo, ameaçador quando cheio. Para o hinduísmo – religião professada por 80% da população indiana – este é "o rio mais sagrado do mundo". Há milênios os fiéis banham-se ali em busca de purificação, nele desejam morrer e em suas águas atiram as cinzas dos mortos. Na Índia, a vida, a morte e a vida depois da morte continuam girando em torno dos grandes cursos d'água.

O rio sagrado

O Ganges nasce nas geleiras do Himalaia e flui em direção ao leste, desaguando na baía de Bengala. Ao longo de seu curso, multiplicam-se templos e cidades sagradas. A mais importante delas é Benares (Varanasi), por onde circulam peregrinos que alcançam o rio por meio de escadarias chamadas *gaths*. Nelas os fiéis lavam roupas, limpam as crianças, escovam os dentes; nelas banham-se ritualmente, a fim de limpar-se dos pecados. Nos chamados *gaths* de fogo ocorre a cremação dos mortos. Os que não podem pagar a cerimônia de cremação atiram o cadáver diretamente na água. A tradição e o contínuo lançamento de esgotos e de resíduos industriais contribuem para a poluição do rio. Um problema de saúde pública, mas não de religiosidade: a maior parte dos hindus deseja mergulhar no Ganges, poluído ou não, ao menos uma vez na vida.

Propriedades

3

SUBSTÂNCIA ÚNICA

A ESTRUTURA MOLECULAR

PROPRIEDADES DA ÁGUA

CAPÍTULO 3 – PROPRIEDADES

Substância única

Mesmo o aluno menos afeito às aulas de química conhece a fórmula da água. Até uma criança que dá seus primeiros passos sabe o que é aquilo que mata sua sede, enche a banheira e lava suas mãos. Elemento mais abundante na natureza, a água parece simples, trivial, descomplicada.

No entanto, essa aparente simplicidade esconde peculiaridades que, desde as épocas mais remotas, vêm intrigando e surpreendendo aqueles que estudam a água.

O H_2O com que nos defrontamos nos bancos escolares é em verdade uma estrutura molecular de características únicas e extraordinárias – características que permitiram o aparecimento da vida no planeta e que garantem sua continuidade.

Muito mais que apenas um líquido incolor, inodoro e insípido – como reza a definição das escolas –, a água é a substância que recobre aproximadamente 70% da superfície terrestre. Ela compõe, do ponto de vista espacial, a hidrosfera do planeta. Por conta dela é que, aos olhos dos astronautas, a Terra é uma esfera azul. Entretanto, 97,5% desse líquido são os mares e oceanos. O que resta, cerca de 2,5%, é água doce, sendo que mais de 68% são calotas polares e geleiras, 29,9% são águas subterrâneas e 0,9% corresponde a outros reservatórios (pântanos, vapor de atmosfera, umidade do solo etc.). Só 0,3% da água doce do planeta está na superfície, presente em rios e lagos. É uma pequena porção que pode ser aproveitada diretamente pelo homem. Ou seja: até em sua aparente abundância a água é enganosa.

Compreender essa substância tão familiar e ao mesmo tempo tão cheia de segredos foi um desafio enfrentado por cientistas e estudiosos de todas as épocas. Durante séculos a água foi considerada uma substância elementar, ou seja, indivisível. Apenas no fim do século XVIII – quando o Iluminismo ganhou mundo e a Revolução Industrial começou a empurrar o desenvolvimento das ciências – esse conceito foi questionado. Em 1781, o químico inglês Joseph Priestley (1733-1804) queimou certa quantidade de gás hidrogênio num recipiente fechado contendo ar. Houve uma explosão, e depois dela as paredes do recipiente ficaram recobertas

COMO CUIDAR DA NOSSA ÁGUA

CAPÍTULO 3 – PROPRIEDADES

Distribuição da água doce do planeta

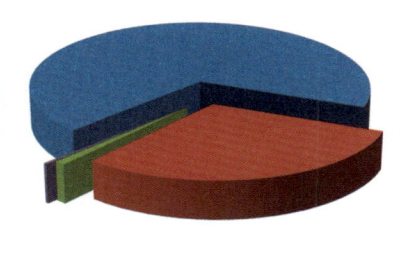

- Calotas polares e geleiras 68%
- Águas subterrâneas 29,9%
- Pântanos, vapor de atmosfera, umidade do solo etc. 0,9%
- Rios e lagos 0,3%

de gotículas d'água. À mesma época, a experiência foi refeita e aprimorada por outro inglês, Henry Cavendish (1831-99), que novamente obteve água a partir da combustão do hidrogênio, e em 1783 pelo francês Antoine Lavoisier (1743-94), que deduziu que a água é um composto de hidrogênio e oxigênio. Seguiram-se experimentos com aparelhos mais complexos – a pilha criada pelo italiano Alessandro Volta (1745-1827) em 1800, por exemplo – que conseguiram fazer o caminho inverso, ou seja, decompor a água por meio da eletrólise. A proporção de hidrogênio e oxigênio foi finalmente determinada em 1805 pelo francês Louis Gay-Lussac (1778-1850) e pelo prussiano Alexei von Humboldt (1769-1859).

O estudo das moléculas da água e de seu comportamento, propriedades e características continuou a se desenvolver ao longo dos séculos seguintes, reunindo os campos da química, física e biologia. Quando partilhamos um pouco de todo esse conhecimento, estamos penetrando no coração da mais singular substância da natureza.

A estrutura molecular

O caráter único da água pode ser compreendido à luz de sua estrutura molecular. Os dois átomos de hidrogênio e o átomo de oxigênio que compõem a molécula H_2O compartilham seus elétrons: o átomo de oxigênio possui seis elétrons em sua órbita, mas tem espaço para oito; cada átomo de hidrogênio apresenta um elétron, porém precisa de mais um para preencher sua órbita externa. Dessa forma, separadamente, os três átomos são instáveis. Quando se reúnem, o átomo de oxigênio completa sua órbita com os dois elétrons dos átomos de hidrogênio. Estes, por sua vez, completam sua camada exterior com um elétron cedido pelo átomo de oxigênio. A molécula torna-se então estável (ou seja, passa a ter um número aproximado de elétrons gravitando em torno do seu núcleo). Esse processo de ligação de elétrons é chamado ligação covalente e caracteriza-se pela extrema resistência.

CAPÍTULO 3 – PROPRIEDADES

Estrutura molecular da água

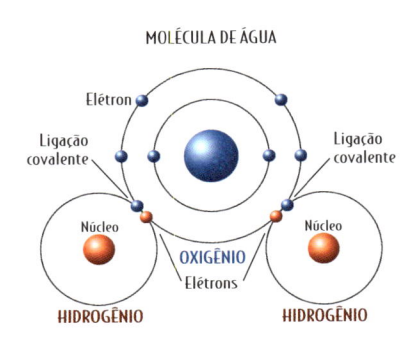

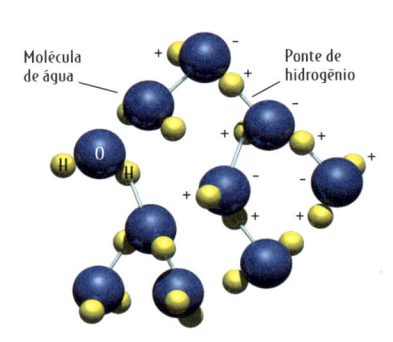

Quando observamos a representação esquemática da molécula de água, verificamos que ela é triangular: os átomos de hidrogênio localizam-se nas laterais do átomo de oxigênio, formando um ângulo de 105°. Essa conformação faz com que surjam dois centros de carga, um positivo e outro negativo, separados por certa distância – ou seja, um dipolo elétrico, semelhante a um ímã. A polaridade funciona exatamente como a do ímã: o polo positivo é atraído por cargas negativas, e o negativo por cargas positivas. Concentradas em lados opostos das moléculas, as cargas elétricas tendem a se unir – positivo com negativo – como ímãs, mantendo-se firmemente agregadas. São as chamadas pontes de hidrogênio, fenômeno pelo qual um mesmo átomo de hidrogênio é compartilhado por dois de oxigênio.

Propriedades da água

A estrutura molecular da água determina uma de suas principais características: ao contrário dos demais líquidos, ela aumenta de volume quando congela. Isso ocorre porque, quando se apresenta sob a forma sólida, todas as moléculas da água estão unidas pelas pontes de hidrogênio. Forma-se uma rede de conexões cujo interior é vazado, leve (por isso o gelo é mais leve que a água líquida). Com a elevação da temperatura, as pontes começam a se romper e as moléculas se aproximam. O volume diminui, e o peso aumenta.

Densidade

A densidade máxima da água situa-se em 4 °C; quando a temperatu-

CAPÍTULO 3 — PROPRIEDADES

ra abaixa, o volume aumenta e ela se torna menos densa, ou mais leve. Quando endurece, a 0 °C, ela tem o volume aumentado em cerca de 9% e fica mais leve que quando em estado líquido. Por isso é que garrafas cheias quebram-se, se forem esquecidas no congelador; é por esse motivo também que o gelo boia na água. Essa característica é de enorme importância para a vida de inúmeros peixes e de outros seres vivos, pois permite que a água do fundo dos rios e lagos de localidades frias permaneça em estado líquido, enquanto se forma uma camada de gelo na superfície. Essa camada funciona como isolante térmico, mantendo a temperatura do fundo compatível com a vida.

A ponta do iceberg

A leveza do gelo em relação à água permite e explica a existência dos *icebergs*, grandes blocos que se desprendem das geleiras dos polos e flutuam à deriva no oceano até que derretam completamente – o que pode levar até dez anos, dependendo de seu tamanho e das condições climáticas que encontram. Formados pelo acúmulo da neve, os icebergs mantêm cerca de 80% de seu volume abaixo do nível do mar; um volume maior fica exposto se eles estiverem em oceanos de alta salinidade, pois a água salgada é mais densa que a doce.

Ao contrário do que parece ao senso comum, a água é um mau condutor de eletricidade. Entretanto, todos sabemos que pessoas em contato com ela ou molhadas não devem manipular produtos elétricos, sob risco de receberem uma forte descarga. O que acontece é que a água em si, pura ou destilada, não transporta a eletricidade, mas os sais e partículas nela dissolvidos, sim. Como na natureza raramente encontra-se água totalmente pura, o contato com a eletricidade pode resultar em queimaduras graves ou no desagradável choque.

Ponto de fusão e de ebulição

Podemos acompanhar as mudanças de estado da água nas ações mais corriqueiras do dia a dia. Sabemos que a água colocada nas formas do congelador se transformará em gelo; sabemos que a água esquentada no fogão terá de se agitar e formar bolhas para que possamos fazer nosso café. Nem sempre reparamos na temperatura em que essas transformações ocorrem.

A água se solidifica a 0 °C e entra em ebulição, passando para o estado gasoso, aos 100 °C. Esses valores referem-se, porém, ao nível do mar. Em altitudes elevadas a pressão atmosférica é menor, e a água ferve mais rápido. Isso acontece porque as bolhas de vapor que se formam no interior da água sobem em direção à superfície e tentam escapar. Se a pressão da

CAPÍTULO 3 — PROPRIEDADES

Os estados da água

A Terra é o único planeta em que se encontra água nos três estados fundamentais da matéria: **sólido**, **líquido** e **gasoso**. A mudança de estado ocorre quando ela é submetida a determinadas condições de temperatura e pressão. Cada uma dessas mudanças recebe um nome específico:

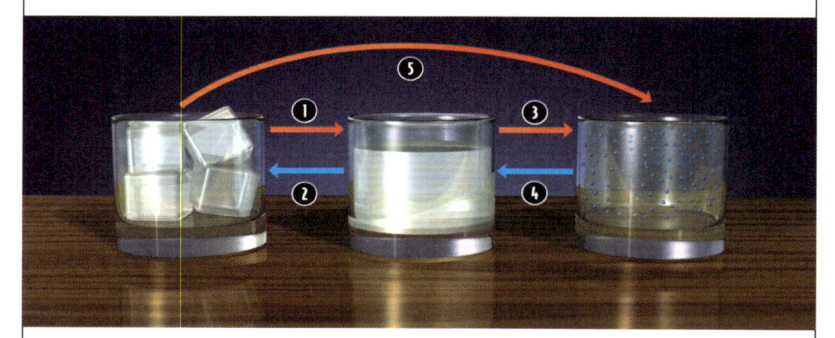

❶ **Fusão:** passagem do estado sólido para o líquido, ou seja, do gelo para a água líquida.
❷ **Solidificação:** passagem do estado líquido para o sólido, da água para gelo.
❸ **Vaporização:** passagem da fase líquida para a gasosa. A vaporização pode ocorrer de três formas: pela **evaporação** (processo lento, que ocorre na superfície da água – é o que acontece quando a roupa seca ao sol, por exemplo), pela **ebulição** (a passagem é rápida e geralmente obtida por meio do aquecimento do líquido) ou pela **calefação** (processo muito rápido, que ocorre quando o líquido entra em contato com uma superfície muito quente, como quando uma gota d'água cai sobre uma chapa aquecida).
❹ **Condensação (liquefação):** passagem do estado gasoso para o líquido.
❺ **Sublimação:** passagem do estado sólido para o gasoso e vice-versa.

Como funciona a panela de pressão?

Dificilmente uma dona de casa ignora que os alimentos cozinham mais depressa numa panela de pressão. Por ser totalmente fechada, o vapor de água que se forma no aquecimento da panela não pode escapar. A pressão interna da panela é maior que a pressão atmosférica, fazendo com que a água ferva a uma temperatura superior a 100 °C. Evidentemente, a temperatura mais elevada determina também o cozimento mais acelerado. Atingido o ponto de ebulição, a pressão do vapor torna-se suficiente para levantar o pino da válvula de segurança e permitir que ele escape – caso contrário, a panela explodiria.

bolha for maior que a da atmosfera, o vapor escapa e a água ferve; se a pressão atmosférica for maior, ela comprime a bolha e retarda a ebulição. Assim, em La Paz, na Bolívia, a água ferve a cerca de 85 °C; em São Paulo, a 96 °C; no Rio de Janeiro, a 100 °C.

Como surge a neve?

A neve é uma precipitação (queda de água da atmosfera sobre a superfície terrestre) de água congelada sob a forma de minúsculos cristais brancos, e só acontece se houver a presença de núcleos de congelamento nas nuvens e de temperaturas inferiores a 0 °C no nível do solo. Além da forma de cristais, pode também cair em flocos, que são cristais úmidos que passaram por um início de fusão, aglomerados entre si.

Características físico-químicas

CAPACIDADE DISSOLVENTE

A água tem o poder de dissolver grande número de substâncias, sejam elas sólidas, líquidas ou gasosas; é considerada, por isso, o "solvente universal". Essa característica deve-se à polaridade: ela bloqueia a atração entre os átomos carregados (íons) que formam os compostos, separando-os, ou seja, dissolvendo-os. O próprio mar é uma solução aquosa que contém milhares de substâncias orgânicas e não orgânicas dissolvidas. Essa capacidade faz com que a água seja imprescindível para o metabolismo dos seres vivos: é o meio em que se diluem nutrientes essenciais para animais e vegetais, assim como os dejetos que precisam ser eliminados. Como a água dissolve, ainda que em quantidades mínimas, as substâncias com que entra em contato, é muito difícil encontrá-la em estado puro na natureza. Águas que percorrem subsolos ricos em determinados minerais, por exemplo, trazem-nos dissolvidos quando afloram. São as chamadas águas minerais. Por outro lado, exatamente por ser esse poderoso solvente, ela transforma-se facilmente em veículo de impurezas e fonte de contaminação.

CAPACIDADE TÉRMICA

A água tem alta capacidade térmica, ou seja, é preciso muito calor para elevar sua temperatura. Basta observar o que ocorre toda vez que esquentamos água no fogão ou no forno de micro-ondas: quando ela

Solução

Líquido que contém uma ou mais substâncias dissolvidas, formando uma mistura homogênea. Exemplos: um copo de água com açúcar ou produto para limpar lentes de contato.

A água se limpa sozinha

Rios e lagos têm capacidade – até determinado limite – de se purificar naturalmente após receber uma carga poluidora. A capacidade de autodepuração é variável e depende da ação dos micro-organismos presentes (algas, bactérias, fungos), da temperatura, da oxigenação da água etc. A autodepuração não ocorre se os agentes poluidores não forem biodegradáveis – isto é, não podem ser destruídos pelas algas, bactérias ou fungos – ou forem lançados em quantidade excessiva.

começa a amornar, o recipiente já está bastante quente. O calor específico (a quantidade de calor que cada grama de determinada substância precisa absorver para que a temperatura aumente 1 °C) da água é alto: 1 cal/g, ou seja, uma caloria por grama. Ao mesmo tempo, ela conserva bem o calor, ou seja, esfria mais lentamente que os outros líquidos. Assim, atua como o grande regulador térmico da natureza, porque absorve o calor nos dias quentes e libera-o nos dias frios. Nas regiões desérticas, onde há pouca quantidade de água, a oscilação da temperatura é enorme, podendo passar de 60 °C durante o dia para menos de 0 °C à noite.

Tensão superficial

O poder de coesão das moléculas da superfície da água é muito alto. Ou seja: a superfície da água apresenta uma resistência, como uma película fina e elástica. Isso acontece com todos os líquidos porque as moléculas que os compõem são atraídas pelas vizinhas em todas as direções; aquelas que estão localizadas na superfície, porém, são atraídas apenas pelas moléculas situadas ao lado e abaixo delas. Como as pontes de hidrogênio que unem as moléculas da água são extremamente resistentes, sua tensão superficial é mais elevada.

O mistério do ovo mole

Cozinhar em altitudes elevadas pode ser uma experiência inusitada para quem sempre viveu no nível do mar ou próximo dele. Mesmo um banalíssimo ovo, se cozido no alto de uma montanha, transforma-se facilmente numa fonte de frustração para o cozinheiro desavisado. Como a atmosfera é mais rarefeita, a água ferverá a uma temperatura muito mais baixa que os 100 °C que se tornaram padrão. Se o lanche estiver sendo preparado no Himalaia, por exemplo, a água entrará em ebulição a 72 °C. Ou seja: a água ferve, mas não se aquece – e o ovo, após muito tempo de cozimento, permanecerá mole.

CAPÍTULO 3 — PROPRIEDADES

O formato da gota

A tensão superficial é o que confere à gota d'água o formato arredondado.

Observe uma torneira mal fechada: a água escorre para a borda e fica pendurada um instante – nesse momento, ela adquire o formato de lágrima – e depois se desprende, formando uma esfera limitada pelas moléculas de sua superfície, que formam uma espécie de película elástica ao seu redor. Também é devido à tensão superficial que alguns insetos conseguem caminhar sobre a água sem afundar.

CAPILARIDADE

A água tem a capacidade de elevar-se pelo interior de tubos, contrariando a lei da gravidade. Basta encher um copo para constatar a formação de uma ligeira curvatura na superfície do líquido: a água tende a ascender ao longo das paredes do recipiente. Num tubo muito fino, a água sobe a grandes alturas. Isso permite que ela se movimente pelo solo e suba das raízes às folhas das plantas; da mesma forma, essa propriedade garante a circulação sanguínea no corpo dos animais.

OUTROS PARÂMETROS

Para avaliar a qualidade da água são utilizados diversos parâmetros relacionados ao seu sabor, cor, composição, acidez etc. Os mais significativos são:

pH (potencial de hidrogênio): índice utilizado para medir a acidez ou a alcalinidade (ou seja, a concentração de íons de hidrogênio) da água ou de qualquer solução aquosa. A escala de pH varia de 0 (água muito ácida) a 14 (água muito alcalina). A água quimicamente pura tem um pH neutro, igual a 7. Abaixo desse número é ácida, e acima é alcalina. Os fatores que determinam o pH da água são sobretudo os carbonatos e bicarbonatos dissolvidos nela e, num segundo plano, os íons hidróxidos, silicatos, boratos, fosfatos e amônia. O pH de águas superficiais oscila entre 4 e 9; o de águas subterrâneas, entre 5,5 e 8,5.

Capacidade tampão: medida total, na água, das substâncias capazes de neutralizar ácidos. Em outras palavras, trata-se da capacidade da água de manter estável o seu pH à medida que se adicionam ácidos ou bases. Ao contrário do que se poderia pensar, quando se adicionam iguais volumes de ácido e de água neutra, o pH resultante raramente é um pH intermediário: se a água tem capacidade tampão suficiente, ela absorve e neutraliza o ácido adicionado. Portanto, o tampão age como uma esponja.

Dureza: é a presença de sais de cálcio e magnésio na água. A dureza é

Água dura, pouca espuma

Uma das principais características da água dura é a de que ela não consegue derreter bem o sabão. Para produzir espuma ela exige uma quantidade maior de sabão ou detergente, e assim acaba contribuindo indiretamente para o aumento da poluição do meio ambiente (o fosfato dos sabões eliminado nos esgotos é uma importante fonte poluidora). Outro inconveniente: como o cálcio e o magnésio presentes na água com dureza temporária respondem ao aquecimento, construções situadas em locais abastecidos com esse tipo de água costumam apresentar incrustações e entupimentos nas tubulações de água quente.

temporária quando os sais ligam-se a carbonatos ou bicarbonatos, podendo ser eliminados pela fervura. Porém é permanente quando os sais estão ligados a sulfatos e cloretos e não podem ser removidos pelo aquecimento. A **dureza geral** é a soma dos dois tipos.

Salinidade: concentração de sais minerais dissolvidos na água. As medidas de salinidade levam em conta os componentes de dureza e de alcalinidade, além de outras substâncias, como o sódio. Todas as águas possuem, em graus distintos, um conjunto de sais em solução, sendo que as águas subterrâneas possuem, em geral, teores mais elevados do que as superficiais, por estarem intimamente expostas aos materiais solúveis presentes no solo e nas rochas. A salinidade da água do mar varia de acordo com a intensidade de evaporação, que costuma ser maior nas regiões de climas quentes e menor nas de climas frios. Por isso o mar das regiões tropicais é mais salgado que o de climas frios e temperados. No ambiente marinho, essas variações determinam a presença ou a ausência de determinadas formas de vida. Há espécies que suportam mudanças repentinas de salinidade; outras só vivem até determinado nível de salinidade. É exatamente por causa de seu altíssimo índice de salinidade (350 gramas de sais por litro, quando a média dos oceanos é de 35) que o mar Morto recebe esse nome: apenas alguns tipos de bactérias se desenvolvem em suas águas.

Cor: a coloração da água varia de acordo com as substâncias nela dissolvidas. Assim, quando pura e em grandes volumes, é azulada; se contiver muito ferro, será arroxeada. Será negra se for rica em manganês, e amarelada se rica em ácidos húmicos (resultantes da decomposição de matéria orgânica, especialmente de plantas mortas). A cor é um parâmetro importante no controle de qualidade da água e é avaliada por meio da comparação visual com padrões preestabelecidos.

Doce, salgada, salobra

Há divergências entre especialistas sobre os índices que determinam a classificação da água segundo sua salinidade. De modo geral pode-se considerar que:
Água doce é aquela que tem menos de 0,05% de sais dissolvidos.
Água salgada é a que apresenta mais de 3% de sais. A média de salinidade dos oceanos é de 3,4%.
Água salobra é a que apresenta salinidade intermediária entre a doce e a salgada, ou seja, entre 0,05% e 3%.

Turbidez: é a redução da transparência da água devido à presença de partículas em suspensão (essas partículas são maiores que aquelas que conferem cor à água). Algas e argilas podem determinar uma alta turbidez da água, assim como dejetos industriais e esgotos domésticos. A turbidez é medida em laboratório por meio de um aparelho chamado turbidímetro.

Odor e sabor: essas características dependem dos sais e gases dissolvidos na água. O ferro dá à água sabor metálico; às vezes é perceptível o gosto deixado por húmus ou algas presentes nas fontes. Em geral, águas subterrâneas são desprovidas de odor, mas algumas fontes exalam um forte cheiro de ovo podre, devido à grande quantidade de gás sulfídrico presente na água.

Outras águas

Água boricada: solução a 3% de ácido bórico. É límpida, incolor e inodora e possui ação antisséptica, atuando como antibacteriano e antifúngico.

De onde vem o sal do mar?

"Ó mar salgado, quanto de teu sal
são lágrimas de Portugal!"
Fernando Pessoa, "Mar português"

Quase todos os elementos químicos encontram-se diluídos na água do mar. Os mais comuns são o cloro e o sódio, que, juntos, formam o cloreto de sódio (NaCl) – nosso conhecido sal de cozinha – e que dão à água do oceano o gosto salgado. Durante muito tempo, acreditou-se que os sais se originavam apenas da dissolução de rochas terrestres pela ação de chuvas e rios. Hoje se sabe que eles provêm também, e em grandes proporções, dos processos vulcânicos que ocorrem no assoalho marinho: a lava originária do manto – camada rochosa que fica abaixo da crosta terrestre – leva diretamente ao oceano um tipo de água chamada juvenil, que nunca circulou na superfície e é constituída por inúmeros elementos químicos.

CAPÍTULO 3 — PROPRIEDADES

Água carbonatada: possui certa quantidade de dióxido de carbono misturada. Isso a transforma numa bebida agradavelmente ácida e refrescante. É o que chamamos comumente de "água com gás".

Água destilada: sofre um processo de purificação por aquecimento, vaporização e posterior condensação, de modo a eliminar os sais dissolvidos e outros compostos. É usada para fins científicos ou farmacêuticos.

Água oxigenada: é o nome que se dá normalmente ao peróxido de hidrogênio, ou seja, composto constituído por dois átomos de hidrogênio e dois de oxigênio. É utilizada como antisséptico, alvejante ou descolorante.

Água primitiva: o mesmo que "água juvenil" – é originária das camadas interiores da Terra e ainda não passou pela atmosfera ou pela superfície.

Água pura: composto de hidrogênio e oxigênio livre de quaisquer outras substâncias. Raramente encontrada na natureza, é obtida por meio de procedimentos específicos, como destilações sucessivas ou pela passagem através de colunas que contenham resinas capazes de reter íons.

Água régia: mistura de três partes de ácido clorídrico concentrado e uma parte de ácido nítrico concentrado. Poderoso oxidante, dissolve a maior parte dos metais, inclusive ouro e platina.

Água sanitária: mistura de hipoclorito de sódio (como cloro ativo), hidróxido de sódio e água potável. Costuma ser usada como alvejante, desinfetante e germicida.

Planeta Água
4

O INÍCIO

A ORIGEM DA TERRA

MARES E OCEANOS: QUESTÃO DE TAMANHO

ÁGUAS SUPERFICIAIS

ÁGUAS SUBTERRÂNEAS

CICLO HIDROLÓGICO

SERES VIVOS

CAPÍTULO 4 – PLANETA ÁGUA

O início

Os caminhos do mito e os da ciência convergem para a mesma conclusão: a água está no princípio de todas as coisas. A força das águas esculpiu, ao longo de milhares de anos, a face da Terra; dos oceanos vieram as primeiras formas de vida, que evoluíram, diversificaram-se e espalharam-se pelo planeta, sustentadas pela água. Não há ser vivo que dela prescinda: ela participa de todas as funções vitais, e todo organismo, animal ou vegetal, precisa repor permanentemente o que perde pela excreção ou pela transpiração. A vida é sede sem saciedade.

Basta olhar para trás – alguns bilhões de anos – para compreender por que a Terra, como todos os seus filhos, é feita de água. O universo surgiu há cerca de 13,7 bilhões de anos. A teoria mais aceita para explicar sua origem é a do Big Bang, ou Grande Explosão. Essa teoria resulta das pesquisas de vários cientistas que, entre os séculos XIX e XX, rejeitaram a ideia de que o Universo é um corpo estático, substituindo-a por um novo modelo – o de um Universo em permanente expansão.

Em 1842, o físico austríaco Christian Johann Doppler (1803-53) descobriu que os sons se tornam mais agudos à medida que sua fonte se aproxima do ouvinte. Assim, o som ininterrupto da buzina de um carro em movimento é mais grave quando o veículo está longe do que quando se aproxima do ouvinte.

Em outras palavras, Doppler concluiu que as ondas sonoras mudam de frequência quando se altera a velocidade da fonte em relação ao observador. Estendido para as ondas luminosas, esse princípio – o chamado efeito Doppler – tornou-se um dos pilares dos modelos cosmológicos do século XX: a partir da constatação de que a luz emitida pelas galáxias mais distantes chega até nós com um desvio para frequências mais baixas (num mecanismo análogo ao que ocorre com as ondas sonoras), o astrônomo americano Edwin Hubble (1889-1953) anunciou, em 1929, que essas galáxias estão se afastando rapidamente de nós – o Universo se expande.

Dessa constatação derivam conclusões de enorme importância: se o Universo está em expansão, em algum momento do passado esteve totalmente coeso, condensado num ponto extremamente denso e quente. Foi com uma grande explosão – o

CAPÍTULO 4 — PLANETA ÁGUA

Água no espaço

Até março de 1998, achava-se que não havia água na Lua. Mas, naquele ano, os registros da Lunar Prospector confirmaram a existência de milhões de toneladas de gelo dispersas a cerca de meio metro abaixo da superfície das calotas polares da Lua. A sonda Mars Global Surveyor registrou, em 1997, indícios de água líquida em Marte. Já havia sido comprovada a existência de gelo nas calotas do planeta. Também foram documentados vestígios de um oceano salgado em Europa, satélite de Júpiter. Em 2010, crateras lunares chegaram a apresentar camadas de gelo de cerca de 2 metros de profundidade. No mesmo ano, uma pesquisa revelou que, devido ao degelo, um canal em Marte cresceu de 2 para 120 metros de extensão ao longo de dois anos.

Big Bang – que toda matéria e energia passaram a se expandir em todas as direções, desencadeando uma série de eventos que acabaram por determinar o que observamos hoje em escala cósmica. Calcula-se que 350 milhões de anos após a explosão inicial, a matéria se reuniu em nuvens que começaram a se condensar e a girar, formando estrelas primitivas. Estas se agruparam, delineando as primeiras galáxias. Ao longo de bilhões de anos, formaram-se nossa galáxia, a Via Láctea, os planetas que conhecemos e as estrelas que deram origem ao nosso Sol.

A origem da Terra

Calcula-se que a Terra tenha se formado há cerca de 4,6 bilhões de anos. O planeta era então uma bola de fogo; erupções vulcânicas lançavam à superfície grandes quantidades de rochas derretidas, o magma. As placas sob a crosta do planeta moviam-se e entrechocavam-se. Essa superfície em permanente ebulição e movimento emitia uma grande quantidade de gases. Formava-se a atmosfera primitiva, composta basicamente por monóxido de carbono, dióxido de carbono, metano e água, mantida em forma de vapor pelas altíssimas temperaturas da superfície. O permanente bombardeamento dessa atmosfera pelos raios ultravioleta do Sol produzia hidrogênio e oxigênio livres a partir da quebra das moléculas de água. O hidrogênio, graças a seu baixo peso molecular, escapava para o espaço exterior; as moléculas de oxigênio, mais pesadas, eram retidas pela gravidade da Terra, enriquecendo gradativamente a atmosfera. Por outro lado, a grande quantidade de monóxido e dióxido de carbono determinava o aprisionamento dos raios infravermelhos do

Tectônica de placas

Em 1912, o alemão Alfred Wegener (1880-1930) formulou a teoria da Deriva Continental, segundo a qual os atuais continentes estavam originalmente agrupados em um único chamado Pangea. Há cerca de 200 milhões de anos, ele teria se dividido em dois: Laurásia (que originaria os continentes do Hemisfério Norte) e Gondwana (que originaria os continentes do Hemisfério Sul). Ao redor de Pangea havia um único oceano, o Panthalassa. A teoria não foi bem aceita à sua época. Mas a partir da década de 1960 a ciência comprovou que a litosfera terrestre (camada exterior sólida da superfície da Terra) é de fato um mosaico de placas em constante movimento. Desse fenômeno, a tectônica de placas, resulta a ocorrência de terremotos e maremotos.

Sol, contribuindo para o aquecimento da superfície terrestre. Era o fenômeno conhecido como "efeito estufa".

Lentamente, a temperatura da Terra caiu. O vapor d'água condensou-se e formou nuvens. Chuvas torrenciais começaram a desabar sobre a superfície do planeta, tomando diferentes caminhos: a água infiltrava-se no solo, formando depósitos subterrâneos; escoava em direção às partes mais baixas do terreno, formando oceanos, mares, rios e lagos. Escorria das partes mais altas da superfície, escorria violentamente, erodindo o solo e inundando as vastas depressões que existiam em torno de massas rochosas. Nesse percurso, arrastava grandes quantidades de sais para os oceanos recém-formados. Além desses sais, outros componentes foram a eles acrescentados: as chuvas torrenciais dissolviam parte do dióxido de carbono da atmosfera, transformando-o em ácido carbônico. O ácido carbônico reagia com os minerais das rochas e dava origem ao carbonato de cálcio, que, por sua vez, era arrastado aos mares, onde se acumulou. Todo esse processo teve como consequência a diminuição do efeito estufa, amenizando a temperatura do planeta. A atmosfera se tornou mais transparente, deixando passar a radiação solar.

Eras do gelo

A infância da Terra não foi só de explosões de lava ou de chuvas e enchentes gigantescas. Houve também períodos de frio intenso em que a superfície do planeta ficava coberta por uma espessa camada de gelo, e a temperatura podia atingir até 50 °C negativos. Esses períodos – as glaciações – duravam milhões de anos e se repetiram diversas vezes: as mais antigas ocorreram há cerca de 500 milhões de anos; as mais recentes estenderam-se entre 12 e 18 mil anos atrás. A maior parte dos geólogos acredita que houve 25 glaciações nos últimos 2,7 milhões de anos.

CAPÍTULO 4 — PLANETA ÁGUA

As glaciações provocaram a acumulação de neve e gelo nas calotas polares e nas grandes formações rochosas. Com o tempo, a massa gelada dos picos passou a se soltar e deslizar, formando imensos vales e provocando outras alterações no relevo. Ao alcançar as zonas mais quentes, os grandes blocos de gelo derreteram-se, dando origem à cabeceira de rios e aos lagos glaciais. Além disso, a retenção da água nos polos, sob a forma de gelo, resultou no rebaixamento do nível do mar, com a consequente exposição de consideráveis extensões de terra.

É importante lembrar que as glaciações ocorreram quando já havia vida no planeta, com impacto no processo da evolução: a queda da temperatura eliminava grande número de espécies vegetais e animais ao mesmo tempo que forçava a adaptação de outras.

Bola de neve

Snowball Earth (Terra Bola de Neve) é uma das mais controversas teorias sobre a relação entre as glaciações e o início da vida no planeta. Segundo ela, há cerca de 800 milhões de anos o planeta se cobriu de gelo. A maior parte das formas de vida pereceu; as sobreviventes desenvolveram mecanismos de adaptação, tornando-se mais complexas. A era do gelo teria durado 10 milhões de anos e se repetido outras vezes. Esse congelamento oscilante resultou na chamada "explosão cambriana", grande diversificação dos organismos vivos ocorrida há mais de meio bilhão de anos. A teoria da Snowball Earth foi posta em dúvida quando cientistas encontraram evidências de que muitas espécies viveram sem alterações significativas durante as glaciações.

Mares e oceanos: questão de tamanho

A distinção entre oceano e mar é tênue. A diferença reside sobretudo no tamanho e na profundidade: oceanos são massas de água grandes e profundas que circulam livremente pela superfície do planeta; menores e mais rasos, os mares têm a circulação restrita pela proximidade de continentes ou ilhas, embora estejam sempre em comunicação com o oceano. Os oceanos Atlântico, Pacífico e Índico têm em média 4 mil metros de profundidade (a Fossa das Marianas, no Pacífico, é a região mais profunda do mundo, com 11 mil metros). A partir daí começa a polêmica sobre a classificação mais adequada. O oceano Glacial Ártico, por exemplo, é pequeno, pouco profundo e limitado por massas continentais próximas do Polo Norte. Por isso, para muitos oceanógrafos, não se trata de um oceano, e sim um mar – o Ártico. Pairam dúvidas também sobre como denominar as águas que circundam o Polo Sul: em setembro de 2000, a IOH (Organização Hidrográfica Internacional) definiu a extensão do corpo d'água que circunda a Antártida como Oceano Austral ou Antártico. No entanto, muitos cientistas não reconhecem sua existência porque esse oceano é formado pelo conjunto das águas do Pacífico, Atlântico e Índico.

Diversos tipos de mar

Os mares não são todos iguais. Dependendo de sua conformação geográfica, são classificados em três tipos:
Abertos: são os que se localizam nas costas dos continentes, comunicando-se diretamente com o oceano.
Interiores: localizam-se dentro dos continentes e comunicam-se com os oceanos através de passagens chamadas estreitos. Um exemplo é o Mediterrâneo, entre o Sul da Europa e o Norte da África, que se liga ao Atlântico por meio do estreito de Gibraltar.
Fechados: são corpos d'água de grandes dimensões no interior dos continentes, sem comunicação com o oceano. Trata-se, na verdade, de grandes lagos salgados, como o mar Cáspio, entre a Rússia e o Irã, e o mar Morto, em Israel.

Águas superficiais

Embora representem uma parte muito pequena do volume hidrológico total da Terra, as águas interiores (ou seja, aquelas que ficam dentro dos continentes) superficiais são de vital importância para a sobrevivência do planeta: por um lado, elas são, evidentemente, as de mais fácil e imediata utilização pelo homem; por outro, propiciam em seu entorno o desenvolvimento de ecossistemas complexos.

Lagos são grandes volumes de água acumulada em cavidades da litosfera. A maior parte deles tem origem glacial: ao final das glaciações, gigantescos blocos de gelo escavaram depressões nas rochas e fundi-

Celeiro de lagos

A Finlândia é o país com maior número de lagos do mundo: 187.888. Todos são de origem glaciária. O maior deles é o Saimaa, com cerca de 4 mil km².

CAPÍTULO 4 — PLANETA ÁGUA

ram-se. É por isso que os lagos são abundantes em regiões frias como Escandinávia, Canadá e Rússia. Existem ainda lagos originários de fossas formadas pelo movimento tectônico e, mais raramente, de antigas crateras vulcânicas.

Em contraste com a quietude dos lagos, a superfície terrestre conta com o eterno movimento dos rios, cursos d'água que emergem dos subterrâneos e escoam por fendas escavadas na crosta terrestre, alimentados pela força das chuvas. Ao longo dos séculos, a terra cede à água; formam-se vales em "v" ou em "u", conforme a idade do rio e a força de sua corrente. Nos desníveis dos terrenos, surgem saltos; onde as fendas são grandes, formam-se cataratas.

O que é?

Atmosfera: é a massa de gases que envolve a Terra.
Criosfera: é o gelo encontrado nos polos do planeta e nas montanhas de grande altitude.
Hidrosfera: é o conjunto total de água do planeta.
Litosfera: é toda a massa rochosa da Terra.

Também são águas superficiais as represas, lagos artificiais e açudes, bem como as zonas úmidas (brejos, pântanos, charcos, alagados, manguezais), áreas de solo saturado de água doce, salgada ou salobra, originária de inundações temporárias ou permanentes.

Vocabulário aquático

Afluentes: cursos d'água que deságuam num curso maior ou num lago. São também chamados de tributários.
Curso inferior: trecho do rio situado na parte mais baixa do terreno.
Divisor de águas: linha entre os pontos mais altos de uma região, que delimita as terras drenadas por uma bacia fluvial.
Foz: local em que o rio deságua. A foz pode ser em delta (quando o rio se subdivide em vários cursos menores, assumindo a forma de um leque), ou em estuário (quando forma uma desembocadura única).
Lagoas: são lagos pequenos e rasos, geralmente circulares.
Lagunas: são lagoas salgadas ou salobras, situadas próximas da costa e separadas do mar por barreiras.
Limnologia: apesar da origem da palavra (*limno* significa "lago" em grego), limnologia é a ciência que estuda ecossistemas aquáticos continentais (lagos, rios, represas) e suas relações com o meio ambiente.
Manancial: corpo d'água superficial ou subterrâneo utilizado para abastecimento.
Meandro: curva descrita pelos rios ao longo de seu trajeto.
Nascente: ponto em que o rio surge.

Águas subterrâneas

Cerca de 30% da água doce do planeta está armazenada debaixo da superfície terrestre. Esses depósitos – os aquíferos – têm diferentes origens: a maior parte deles resulta da infiltração da água da chuva na rocha, por meio de fissuras imperceptíveis; podem também estar presentes nas camadas subterrâneas desde a formação das primeiras reservas de água do planeta (nesse caso, são chamados águas conatas). Podem, enfim, compor-se de águas juvenis, ou seja, recentemente geradas pelos processos magmáticos do interior da Terra.

Por localizar-se em regiões de difícil acesso, a água subterrânea é mais protegida da poluição que as águas superficiais; além disso, as rochas da superfície atuam como filtro, retendo impurezas. Sua boa qualidade, portanto, torna-a uma opção importante para o consumo humano. Esse acaba sendo, paradoxalmente, um risco, pois a perfuração e a exploração desordenada de poços resultam na contaminação e no esgotamento das reservas.

> **Lençol freático**
> É a porção de água retida na parte superior do aquífero, geralmente acima de uma camada impermeável de argila. Também é chamado de lençol superficial ou lençol de água.

Estalagmites e estalactites

Cavernas são o resultado da ação da água da chuva sobre as rochas: em seu trajeto até o solo, a chuva absorve gás carbônico da atmosfera; ao penetrar no solo, dissolve outros elementos químicos, como cloro, nitrogênio e enxofre. Mais ácida, a água vai corroendo lentamente as rochas, abrindo vãos e galerias, escavando grandes ocos.

A água continua gotejando para dentro das cavernas através das pequenas fendas da superfície. O gotejamento no teto das cavernas e a cristalização dos sais em solução determinam a formação de estruturas alongadas que pendem em direção ao solo: as estalactites. A água que cai no chão da caverna evapora-se, deixando acumulada no solo uma pequena quantidade de sais minerais. Ao longo do tempo, esse depósito constante forma outro tipo de estrutura – as estalagmites, que se elevam do solo. Em cavernas muito antigas, estalactites e estalagmites se encontram, formando colunas.

CAPÍTULO 4 — PLANETA ÁGUA

Ciclo hidrológico

A permanente mudança de estado da água na natureza chama-se ciclo hidrológico: ela evapora quando o calor é intenso; congela-se ou condensa-se quando a temperatura cai; no estado líquido, corre das áreas mais altas para as mais baixas. O ciclo hidrológico divide-se em cinco etapas: condensação, precipitação, infiltração, escoamento e evapotranspiração. Ao evaporar, as águas dos oceanos, lagos e rios condensam-se na atmosfera, formando nuvens. Estas, por sua vez, retornam por precipitação (chuva, neve etc.) à superfície terrestre. Parte dessa água penetra no solo, dando origem aos reservatórios subterrâneos; parte alimenta o volume das águas superficiais, escoando pelos leitos dos rios até atingir os oceanos. Nas regiões frias, a água congela-se em geleiras ou glaciares; a parcela que penetrou no solo participa da manutenção da vegetação e retorna à atmosfera por meio da evapotranspiração; nós, animais, também estamos constantemente retendo e devolvendo água ao planeta. O ciclo hidrológico, assim, é um sistema, um movimento integrado de vida de toda a Terra.

Onde (e por quanto tempo) está a água?

O ciclo hidrológico garante que o volume total de água do planeta mantenha-se constante e que os recursos hídricos sejam sempre reciclados. O tempo de renovação varia: as águas congeladas nas calotas polares ali permanecerão por milhares de anos; as que escoaram até os rios retornam ao ciclo em uma ou duas semanas.

Distribuição de água na biosfera e tempo de renovação

Local	Volume (1.000 km^3)	Percentual do total (%)	Tempo de renovação
Oceanos	1.370.000	97,61	3.100 anos
Calotas polares e geleiras	29.000	2,08	16.000 anos
Água subterrânea	4.000	0,29	300 anos
Água doce de lagos	125	0,009	1-100 anos
Água salgada de lagos	104	0,008	10-1.000 anos
Água misturada no solo	67	0,005	280 dias
Rios	1,2	0,00009	12-20 dias
Vapor d'água na atmosfera	14	0,0009	9 dias

Fonte: R.G. Wetzel, 1983 in www.eco.unicamp.br

Águas em movimento

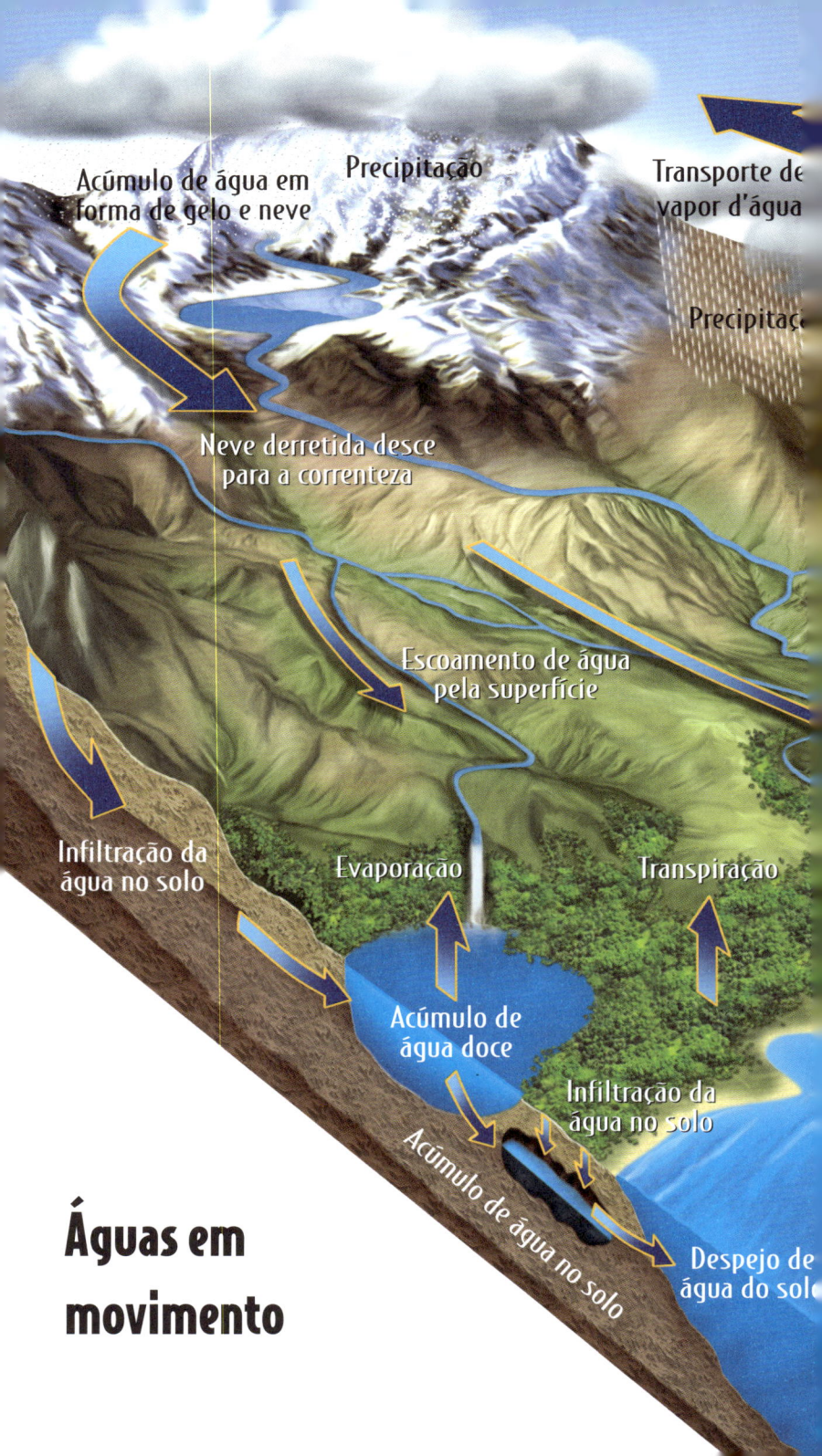

- Acúmulo de água em forma de gelo e neve
- Precipitação
- Transporte de vapor d'água
- Precipitação
- Neve derretida desce para a correnteza
- Escoamento de água pela superfície
- Infiltração da água no solo
- Evaporação
- Transpiração
- Acúmulo de água doce
- Infiltração da água no solo
- Acúmulo de água no solo
- Despejo de água do solo

Condensação

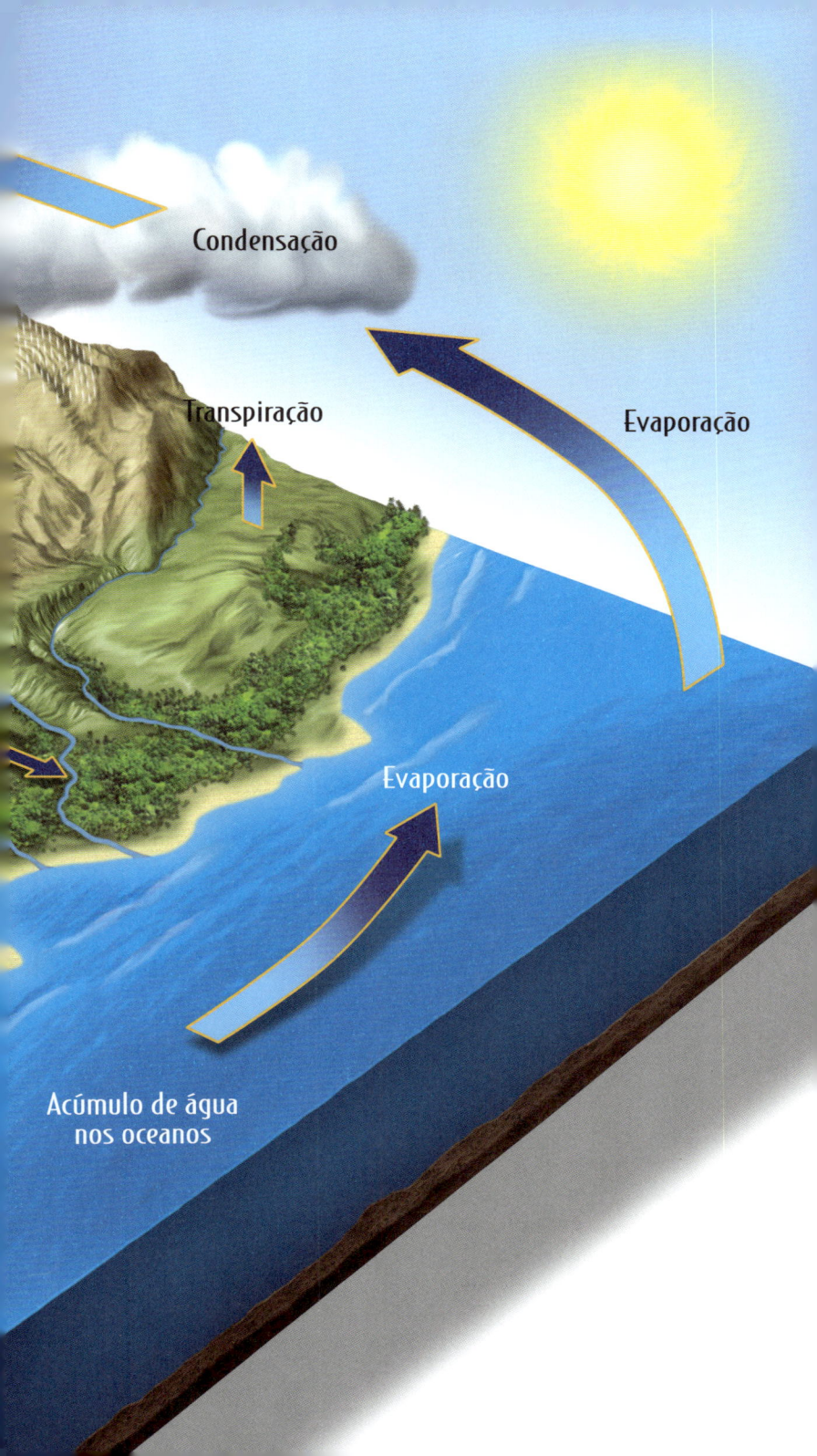

Transpiração

Evaporação

Evaporação

Acúmulo de água nos oceanos

Água em fúria

Tsunami é a palavra japonesa pela qual são mundialmente conhecidos os maremotos, uma catástrofe de extraordinária violência que se abate sobre zonas costeiras. A causa mais frequente para os *tsunamis* são terremotos no assoalho marítimo; também podem decorrer de erupções vulcânicas submarinas ou de explosões causadas por gases acumulados no subsolo do oceano. Podem, ainda, vir associados com um terremoto terrestre (foi o que ocorreu em Lisboa, no século XVIII: 30 minutos após um gigantesco abalo sísmico, ergueu-se no mar uma onda de 10 metros de altura, colhendo milhares de pessoas que haviam fugido do interior da cidade para a costa).

A ação do *tsunami* é rápida e aterradora. Quando ele começa no meio do oceano, forma ondas baixas, que avançam em alta velocidade. Ao aproximar-se da costa, a velocidade da onda diminui. O processo se assemelha ao de uma parada brusca, que projeta a água para a frente – e aí a onda pode alcançar até 30 metros adiante.

Os maiores, os piores, os últimos

1775: Lisboa, Portugal (após terremoto; total: 60 mil mortos)
1883: Krakatoa, Indonésia (36 mil mortos)
1896: Honchu, Japão (27 mil mortos)
1976: Mindanao, Filipinas (8 mil mortos)
1992: Nicarágua (100 mortos)
1998: Papua-Nova Guiné (3 mil mortos)
2001: Arequipa, Peru (20 mortos)
2004: Indonésia, Tailândia, Índia, Sri Lanka (220 mil mortos)
2006: Ilha de Java, Indonésia (660 mortos)
2007: Ilhas Salomão (34 mortos)
2009: Ilhas Samoa e Samoa Americana (150 mortos)
2010: Chile (521 mortos)

Seres vivos

O início da vida no planeta ainda se reveste de mistério. Sabe-se que há 3,5 bilhões de anos já existiam na Terra organismos muito simples, semelhantes a bactérias, que viviam em águas rasas. O que permanece sem resposta, porém, é o passo inicial – como surgiram esses organismos simples e primitivos, quando os compostos inorgânicos na Terra tornaram-se formas vivas, capazes de se alimentar e reproduzir. As hipóteses são várias e muitas vezes conflitantes.

A sopa primordial

Ao longo das últimas décadas, a teoria mais aceita pela ciência para explicar a origem da vida foi a formulada em 1929 pelo geneticista inglês John B. S. Haldane (1892-1964) e em 1936 pelo bioquímico russo Alexander Oparin (1894-1980). Trabalhando separadamente, ambos chegaram a conclusões muito semelhantes, e a hipótese por eles lançada ficou conhecida como Oparin-Haldane. Segundo ela, as chuvas constantes que açoitavam a Terra devem ter arrastado moléculas complexas de carbono – os chamados aminoácidos – originadas na atmosfera para os lagos e mares em formação. Acumuladas por milhares de anos, essas substâncias teriam transformado os lagos e oceanos primitivos em verdadeiros "caldos" de substâncias precursoras da vida. Sob a intensa irradiação de raios ultravioleta do Sol, essas moléculas deram início a estruturas orgânicas denominadas coacervatos. Essas formas precursoras dos seres vivos, capazes – depois de milênios – de produzir moléculas mais complexas, são a provável origem da vida.

Em 1953, o cientista norte-americano Stanley Miller (1930-2007) buscou confirmar as teorias de Oparin-Haldane, reproduzindo em laboratório a atmosfera da Terra primitiva: combinou metano, amônia, hidrogênio e vapor d'água num balão de vidro, submetendo a mistura a fortes descargas elétricas. Depois de uma semana de funcionamento contínuo, ele registrou a presença de aminoácidos na água que circulava dentro do recipiente. Como os aminoácidos formam proteínas, substâncias presentes apenas nos seres vivos, Miller concluiu que se as condições climáticas da Terra realmente tivessem sido como a descrita, a teoria de Oparin-Haldane poderia ser correta.

A teoria das fontes termais submarinas

Nas últimas décadas do século XX, uma nova hipótese veio desafiar a teoria da "sopa primordial", durante anos a favorita da ciência. Em 1977, o submarino norte-americano Alvin mapeou o fundo do oceano Pacífico e obteve resultados intrigantes. No assoalho marítimo há fendas em que as águas frias entram em contato com as rochas incandescentes produzidas no interior da Terra. Expelidas por meio de chaminés que fumegam incessantemente durante décadas, as águas carregam metais e gases tóxicos. Nesse ambiente aparentemente hostil a qualquer forma de vida – na mais densa escuridão, a temperaturas que chegam a 350 °C e a mais de 3 mil metros abaixo da superfície – encontra-se um ativo e surpreendente ecossistema. Em sua base estão seres espantosos: as chamadas arqueobactérias. Capazes de viver em condições extremas, esses organismos quimiossintetizadores (ou seja, que obtêm energia a partir de reações químicas com os elementos expelidos pelas chaminés submarinas) podem ser – segundo especulam cientistas – muito semelhantes aos que primeiro surgiram no planeta e que teriam migrado do fundo do mar para a superfície terrestre, dando curso à cadeia evolutiva. Na década de 1990, novas pesquisas descobriram extensas fontes hidrotermais também no Atlântico, especialmente na região dos Açores.

Água, planta, bicho

Um longo caminho une o organismo unicelular da bactéria à multifacetada fauna e flora de nossos dias. Nele, muitas passagens são obscuras ou interrompidas. Como determinar o momento em que o coacervato deu seu salto evolutivo? Quando a bactéria arcaica virou verme, peixe, alga, ave, gente?

Fósseis atestam que há 600 milhões de anos já havia nos oceanos uma variada fauna de animais invertebrados: águas-vivas, esponjas, vermes de diferentes formatos e trilobitas – animal extinto 200 milhões de anos atrás e que parece ter sido predominante durante o período cambriano. Havia ainda algas. Alguns milhões de anos mais tarde, esses animais marinhos deram origem aos peixes, os primeiros vertebrados. A vida no mar se diversificava lentamente. Em algum momento, as algas começaram a fazer fotossíntese, ou seja, a converter o dióxido de carbono da atmosfera em oxigênio sob a ação da luz solar. Enriquecida pelo oxigênio, a atmosfera terrestre tornou-se propícia para o surgimento de outros seres. Há mais ou menos 360 milhões de anos, alguns animais marinhos migraram para a terra, conquistando o novo ambiente: anfíbios, insetos, aracnídeos, répteis, aves e mamíferos surgiram e desapareceram, adaptaram-se e disseminaram-se pela superfície do planeta, dando continuidade ao processo evolutivo.

As perguntas, porém, permanecem e multiplicam-se. Se as primeiras bactérias datam de 3,5 bilhões de anos e os fósseis que atestam a diversificação da fauna têm 600 milhões de anos, há um longo intervalo de tempo sobre o qual pouco se conhece. Há especulações, deduções, hipóteses. As certezas são poucas. Uma delas é que todos – bactéria, verme, peixe, alga, gente – partilhamos do mesmo passado; todos viemos de longe por uma estrada acidentada. E a água que iniciou nossa história lá atrás ainda hoje garante a sustentação da vida de cada dia.

O componente básico da célula

A célula, unidade fundamental dos seres vivos, é formada por duas partes, o citoplasma e o núcleo, deli-

CAPÍTULO 4 – PLANETA ÁGUA

Osmose

É o processo pelo qual a água penetra nas células carregando as substâncias necessárias para seu funcionamento. Esse fenômeno consiste na difusão de moléculas entre duas soluções de concentração diferente por meio de uma membrana. O solvente (a água) tende a passar da solução menos concentrada para a mais concentrada, atravessando a membrana plasmática. Do mesmo modo, a célula elimina a água e os elementos produzidos por seu metabolismo.

mitados por uma membrana. O citoplasma é um fluido viscoso composto essencialmente por água (85%); imersas nele estão organelas, estruturas especializadas responsáveis por diferentes funções. Para realizá-las, a célula precisa receber oxigênio e outros elementos, que chegam diluídos em água e penetram nela por meio da membrana externa, que é semipermeável, ou seja, permite a passagem de água com alguns solutos e retém outros. Portanto, é graças a uma das propriedades fundamentais da água – sua grande capacidade de dissolução – que as substâncias necessárias à vida são transportadas até as células e depois eliminadas dela. Outra importante propriedade física da água desempenha um papel-chave na bioquímica celular: seu alto calor específico garante que a temperatura no interior das células mantenha-se estável, sem alterações que possam comprometer seu metabolismo.

VEGETAIS

A água se movimenta incessantemente pelo organismo vegetal. Absorvida pelas raízes, é conduzida por finíssimos tubos aos galhos e folhas, onde participa da fotossíntese; volta a circular, misturada à glicose resultante do processo, a partir das folhas.

Entretanto, apenas uma pequena parte da água obtida pelas raízes permanece na planta. A maior fração – mais de 90% – é eliminada pela transpiração, sob a forma de vapor, por meio de pequenas aberturas situadas na superfície das folhas. Quando a umidade exterior é muito alta, o vapor não consegue sair. Ocorre então o processo denominado gutação, em

Vegetais para beber

Veja a proporção de água presente em algumas frutas e verduras:

Alface	95%
Tomate	94%
Melancia	92%
Couve-flor	92%
Melão	90%
Abacaxi	87%
Goiaba	86%
Banana	74%

CAPÍTULO 4 — PLANETA ÁGUA

A fotossíntese

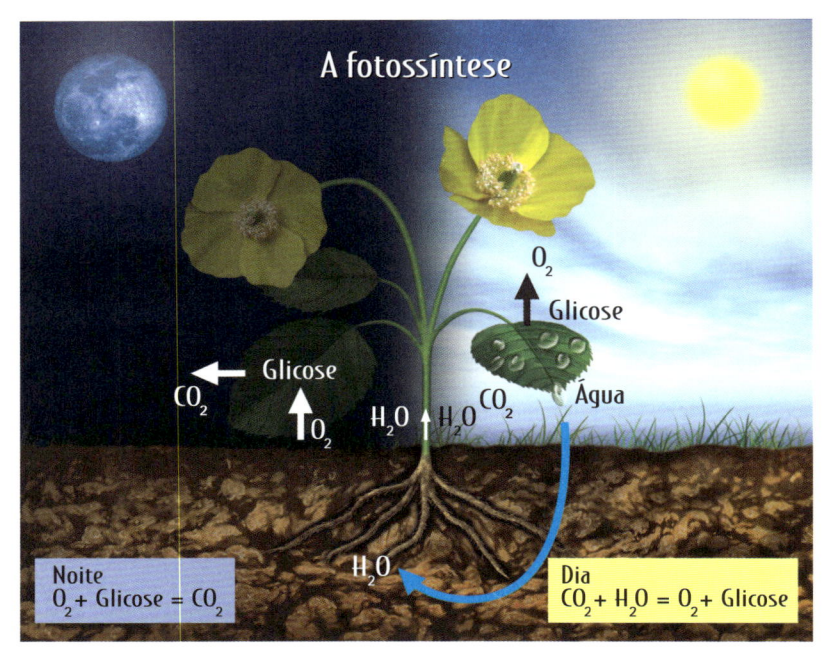

Noite
$O_2 + Glicose = CO_2$

Dia
$CO_2 + H_2O = O_2 + Glicose$

que se formam gotinhas de água nas bordas das folhas.

A água exerce papel-chave também na reprodução dos vegetais. Por meio dela os gametas – células sexuais – masculinos e femininos conseguem juntar-se; é ela quem oferece o meio adequado para a germinação da semente e a energia necessária para a intensa atividade celular de todo esse processo.

A disponibilidade de água determina o tipo de vegetação que se encontra em cada região do planeta. Assim, plantas terrestres têm raízes profundas. As árvores dos cerrados, onde o solo é pobre e seco, lançam suas raízes a até 15 metros de profundidade em busca de água. Para evitar perdas excessivas de líquido, essas plantas desenvolveram troncos retorcidos, com cascas grossas e folhas duras. Vegetais de áreas alagadiças como brejos, ao contrário, espalham-se pelo

Sem folhas, com espinhos

Cactos são exemplos perfeitos de adaptação à escassez hídrica. Suas raízes são superficiais e ramificadas para aproveitar ao máximo a fugaz umidade deixada pela chuva no solo. Seu caule é grosso e revestido por uma espécie de cera impermeável, que impede a transpiração; pelo mesmo motivo, as folhas reduziram-se a espinhos – a diminuição da superfície exposta evita a perda da água.

COMO CUIDAR DA NOSSA ÁGUA

solo, ao qual se fixam apenas superficialmente. Nos mangues, onde a salinidade da água é alta e o solo instável, as raízes funcionam como escoras para as plantas, e as folhas possuem glândulas para eliminar o excesso de sal. Algas aquáticas, por sua vez, dispensam raízes, troncos, caules: absorvem a água por toda sua superfície.

O homem e outros bichos

No início da vida, a água nos envolve a todos: os filhotes de répteis, aves e mamíferos desenvolvem-se dentro da bolsa amniótica, membrana repleta de líquido (98% de água) que mantém a pele do embrião hidratada e o protege de choques.

Cerca de 70% do corpo humano adulto é composto de água, numa curiosa correspondência com a quantidade de água na Terra. Nos outros animais, a proporção varia de acordo com o hábitat, constituição física e necessidades fisiológicas – uma água-viva, por exemplo, é mais de 90% água; um besouro, menos de 50%. Em qualquer caso, a água participa dos processos fundamentais do metabolismo. Graças a seu poder solvente, ela dilui as substâncias necessárias para o funcionamento das células e dos órgãos.

Do total de água presente no corpo humano, 70% compõem os líquidos intracelulares e 30% compõem os líquidos extracelulares (sangue, sêmen, saliva, sucos pancreáticos e intestinais, urina, bile etc.). Assim, no ser humano, a água está presente na saliva que lubrifica os alimentos deglutidos e nos sucos gástricos e intestinais; faz parte da troca de gases que constitui a respiração (nos dias frios,

Mecânica da sede

A parte do cérebro responsável pelo controle da sede (e da fome, do sono, do impulso sexual) é o hipotálamo, região situada na nuca logo acima da coluna vertebral. Quando a quantidade de água em circulação no corpo diminui, a concentração de sais no sangue aumenta; o hipotálamo então emite uma série de ordens para restabelecer o equilíbrio fisiológico das células: os rins diminuem o volume de água excretado, e a produção de urina diminui; as glândulas salivares reduzem sua atividade, sobrevindo a sensação de boca e garganta secas. A sede será saciada quando a pessoa – ou o animal – conseguir repor suas reservas. A quantidade de líquido que será bebido nessa situação é exatamente a necessária, jamais excessiva, embora a normalização da concentração de água no sangue demore cerca de uma hora. Isso sugere que na boca, na garganta e no aparelho digestivo existem estruturas relacionadas à saciedade que indicam ao hipotálamo o volume de água ingerido para que as funções do corpo se equilibrem antes mesmo que o processo se encerre.

percebemos o vapor d'água que expelimos ao expirar); é fundamental na reprodução, conduzindo os espermatozoides até os óvulos e protegendo os embriões em desenvolvimento no corpo da mãe. O sangue que circula pelo corpo humano é 60% plasma – água e sais minerais – e 40% glóbulos vermelhos e brancos. A água ainda mantém lubrificadas as articulações, as mucosas, o globo ocular e a língua.

Para assegurar a sobrevivência, a quantidade de água em circulação no organismo animal deve se manter estável. O ser humano elimina, em média, 2 litros de água por dia. Se essa perda não for compensada pela alimentação ou pelo consumo direto de líquidos, surge a sede – um alarme que o corpo faz soar quando há 2% de perda de água. Se não houver reposição suficiente de líquido, as consequências podem ser graves. Com 6% a 10% de perda de água, o volume sanguíneo diminui, e o sangue se torna mais concentrado; a transpiração pára, e a temperatura corporal pode subir a níveis perigosos, levando à desidratação. Se a perda chegar a 15%, ocorre a morte.

Assim como os vegetais, os animais desenvolvem características especiais em função da água disponível em seu hábitat. Um exemplo é o camelo, que se adaptou às condições áridas do deserto. Usado como meio de transporte, ele pode permanecer até 15 dias sem beber água, sem que isso afete seu metabolismo; a grossa camada de gordura de sua corcova e a pelagem que a recobre funcionam como um isolante térmico. A grande oscilação da temperatura no deserto também não o afeta – seu organismo pode apresentar uma variação de até 7 °C (no ser humano, uma variação de 1 °C já indica alguma disfunção).

Como a água entra...	
O ser humano obtém a água necessária para sua sobrevivência de diferentes maneiras	
pelo consumo direto	47%
por meio do próprio organismo (pela respiração celular)	14%
por meio da alimentação	39%
...e como sai	
A excreção da água também se dá por várias vias	
pela respiração	15%
pela transpiração	20%
pela excreção (urina e fezes)	65%

Sempre 70%?

Os clássicos 70% de água no corpo referem-se a um adulto magro, do sexo masculino. A porcentagem é menor em mulheres, que geralmente têm mais gordura (o tecido adiposo é pobre em água); pelo mesmo motivo, ela é menor em obesos.

A proporção de água também decresce com a idade: num recém-nascido, 80% do peso corporal corresponde à água; num idoso, a quantidade chega a 40%.

Usos Múltiplos

5

MUITO MAIS QUE MATAR A SEDE

UM POUCO (BEM POUCO) DE FÍSICA

HIDRODINÂMICA

USINAS HIDRELÉTRICAS

HIDROVIAS

PESCA

USO ESTÉTICO

RECREAÇÃO

AGENDA

CAPÍTULO 5 – USOS MÚLTIPLOS

Muito mais que matar a sede

Nenhuma substância é mais versátil. Nenhuma serve para tantas e tão diversificadas finalidades. Mesmo nas atividades mais corriqueiras – no acender de uma lâmpada, por exemplo – ela está presente. A água gera energia, facilita o transporte, estimula o turismo. Movimenta, assim, a economia. E oferece saúde, diversão, prazer. Quando, em 1997, o governo brasileiro publicou a Lei nº 9.433, conhecida como Lei das Águas, marcou uma significativa transformação na concepção do que são os recursos hídricos e de como devem ser geridos. Diferentemente do que acontecera até então – quando o fornecimento de energia e o aspecto econômico sobressaíam –, a lei estabeleceu que o uso e o manejo da água devem ter como norte os múltiplos fins a que ela serve. A água, diz a lei, destina-se ao abastecimento público, ao uso estético, à recreação, à preservação da fauna e da flora, às atividades agropastoris, ao abastecimento industrial e à harmonia paisagística, e em situações de crise extrema será prioritariamente utilizada para o consumo humano e animal. Basta debruçar-se um pouco sobre algumas dessas aplicações para reconhecer quanto, e de quantas maneiras, a água faz parte de nossa vida.

Um pouco (bem pouco) de física

Por que submarinos afundam e barcos boiam? Como a água que abastece a cidade sai do reservatório, chega até a caixa-d'água das casas e depois jorra com pressão do chuveiro? Por que é mais fácil carregar uma pessoa numa piscina que fora dela? Para muitos, as respostas a essas perguntas situam-se no terreno dos grandes mistérios da humanidade. São situações ou constatações cotidianas, que passam despercebidas – mas que podem revelar um pouco mais sobre as possibilidades de uso da água. Essas respostas envolvem conceitos básicos de física – mais especificamente da hidrostática ou da hidrodinâmica, que são as partes dessa ciência responsáveis pelos estudos dos fluidos líquidos e gases estáticos ou em movimento. Longe de ficar apenas confinados ao mundo das abstrações, esses conceitos norteiam a fabricação de submarinos, barcos ou pranchas de surfe; neles se baseiam mergulhadores e engenheiros, esportistas e pedreiros, fisioterapeutas e navegantes.

Hidrostática

A hidrostática é a área da mecânica (física) que estuda os fluidos em repouso ou quando sujeitos à ação da gravidade. Para compreender melhor seus princípios e teorias, é importante conhecer duas grandezas fundamentais envolvidas:

1. Massa específica ou densidade

Conhecer a massa específica ou densidade (alguns estudiosos preferem falar em massa específica quando se referem a líquidos e gases e em densidade quando tratam de sólidos) de um elemento significa saber se ele é mais ou menos compacto ou concentrado. A densidade se define pela razão entre a massa de uma quantidade de substância e seu volume. Assim, um corpo gasoso costuma ter massa pequena, porém grande volume. Sua densidade, portanto, é baixa. Se compararmos líquidos como água e sangue, por exemplo, podemos perceber a diferença entre densidades: 1 litro de sangue possui mais massa que 1 litro de água; logo, sua densidade é maior. A unidade utilizada para medir densidade no SI (Sistema Internacional de Unidades) é o quilograma por metro cúbico (kg/m^3). A água tem uma densidade de 1.000 kg/m^3; o gelo, 920 kg/m^3.

2. Pressão

Imagine apertar as duas extremidades de um lápis com os dedos. A força exercida em ambos os lados é a mesma, mas você sentirá dor apenas na extremidade apontada, porque ali a força está distribuída por uma área menor – e a pressão exercida nesse lado é maior. Assim, podemos definir a pressão como a razão entre a força aplicada e a área sobre a qual ela atua perpendicularmente. Outro exemplo de pressão seria o de um prego sendo introduzido em uma superfície.

Para visualizar como essa pressão funciona na água, basta pensar em uma piscina. Quem mergulha na parte mais rasa não sente nenhuma – ou sente muito levemente – sensação diferente. Ao afundar numa parte mais funda, há uma sensação de aperto no ouvido, que é mais forte quanto mais

CAPÍTULO 5 – USOS MÚLTIPLOS

Dedos e diques

Um menino holandês brincava perto de um dos muitos diques de seu país quando percebeu que ele estava vazando; a água do mar escoava por um pequeno orifício. Para evitar o rompimento do dique, ele enfiou o dedo no buraco e ali ficou, noite adentro, até que finalmente foi encontrado. O dique foi consertado, e o garoto, convertido num grande herói da Holanda. É apenas uma história, claro, mas não tão implausível como pode parecer: a pressão da água depende da profundidade, da aceleração da gravidade e da densidade, não da extensão do líquido.

---

fundo se vá: a pressão aumenta conforme aumenta a profundidade.

O instrumento utilizado para medir a pressão dos fluidos é o manômetro. A unidade utilizada para medir pressão no SI é o Newton por metro quadrado (N/m^2).

Teorema de Arquimedes

Um dos maiores matemáticos e físicos da humanidade, o grego Arquimedes de Siracusa (287-212 a.C.) formulou uma das principais leis da hidrostática: segundo o teorema que leva seu nome, todo corpo mergulhado em um fluido (líquido ou gás) em equilíbrio recebe, por parte deste, uma força vertical, de baixo para cima – o empuxo. A intensidade do empuxo corresponde ao peso do fluido deslocado pelo corpo.

Por isso é mais fácil carregar uma pessoa ou um objeto pesado dentro de uma piscina ou no mar; pelo mesmo motivo, não sentimos tanto o esforço quando realizamos atividades esportivas dentro da água, como a hidroginástica.

O empuxo determina o comportamento dos corpos imersos em um líquido. Quando mergulhamos algo na água podem ocorrer três situações:

1. O objeto afunda. Isso ocorre quando o peso do corpo é maior que o empuxo. É o caso de uma âncora.

2. O objeto sobe para a superfície do líquido. Nesse caso, o empuxo é maior que o peso do corpo. É o que acontece, por exemplo, com um pedaço de isopor. Quando o navio alcança o mar ou o rio, ele desloca determinada quantidade de água e afunda um pouco – só vai começar a flutuar quando o peso da água deslocada for igual ao peso total da embarcação.

3. O objeto permanece exatamente na mesma posição em que foi deixado. Isso ocorre quando o peso do corpo e o empuxo são iguais. Exemplos disso são os submarinos, cujo interior abriga tanques ou bolsões de ar que regulam o equilíbrio com o empuxo.

CAPÍTULO 5 – USOS MÚLTIPLOS

Eureca!

A lenda diz que Arquimedes concebeu a ideia do empuxo num estalo, quando se banhava. Diz-se que o rei de Siracusa, Hierão, pedira a um ourives que lhe fizesse uma coroa de ouro. Ao receber o objeto, o soberano desconfiou de que o artesão havia adicionado outro metal ao ouro e chamou Arquimedes para confirmar o fato. O sábio teria passado dias tentando solucionar o problema até que, ao banhar-se nas termas da cidade, percebeu que, quando entrava na banheira, a água transbordava – e transbordava em quantidade correspondente ao volume de seu corpo. Entusiasmado, Arquimedes teria deixado as termas e corrido para casa – nu e aos gritos de "Eureca!" (palavra que significa "achei!") – para repetir a experiência com a coroa do rei. Colocou então a coroa em um recipiente com água e guardou a quantidade do líquido que transbordou. A partir desse volume, determinou a densidade da coroa. Em seguida, mergulhou na água um bloco de ouro maciço com a mesma massa da coroa. O volume de água deslocado, porém, não foi o mesmo. A conclusão estava clara: o rei havia sido enganado; o ourives misturara ao ouro outro material.

Teorema de Stevin

Quando furamos em diferentes alturas um barril cheio de água, percebemos que a água sai com maior pressão dos orifícios mais baixos. Isso acontece pelo mesmo motivo pelo qual sentimos dor no ouvido quando mergulhamos mais fundo em uma piscina: a pressão da água na parte inferior do barril é maior que na superfície.

De acordo com o teorema do matemático e físico holandês Simon Stevin (1548-1620), a pressão em um ponto situado a uma altura no interior de um líquido é determinada pela pressão na superfície (pressão atmosférica) somada àquela exercida pela coluna de líquido acima do ponto. Dessa maneira, podemos concluir que todos os pontos localizados em uma mesma superfície horizontal, à mesma profundidade, possuem a mesma pressão – dizemos, nesse caso, que a superfície é isobárica.

Vasos comunicantes

Quem já observou trabalhos de construção deve ter reparado que os pedreiros utilizam uma mangueira transparente com água para nivelar as paredes de uma obra ou a colocação de azulejos. Esse instrumento chama-se nível e é uma aplicação prática da teoria dos vasos comunicantes, derivada do teorema de Stevin. Para ilustrar essa teoria, basta curvar em "u" um tubo plástico e enchê-lo com água: a água vai atingir o mesmo nível nos dois braços do tubo. Assim, o nível da água na mangueira é a referência para que os pedreiros saibam se os azulejos estão à mesma altura. É por isso, ain-

CAPÍTULO 5 — USOS MÚLTIPLOS

da, que quando inclinamos um regador ou um bule, a água escoa: ela cairá até que o nível da ponta do bico se equipare ao do reservatório.

A ideia dos vasos comunicantes pode explicar o mecanismo do sistema de abastecimento de água de uma cidade. O reservatório costuma ficar na parte mais alta da cidade, e a água é distribuída por meio de canos. Como a água tende a se nivelar, ela se divide igualmente pelas tubulações. Da mesma maneira, as caixas-d'água ficam na parte mais alta das residências, acima do nível dos chuveiros. Assim, a água é distribuída homogeneamente para os diversos pontos e sai com pressão.

Experiência de Torricelli

Sabe-se, pelo teorema de Stevin, que a pressão em certa profundidade de um líquido depende também da pressão atmosférica acima dele. Para medir a pressão atmosférica, o físico italiano Evangelista Torricelli (1608-47) realizou a seguinte experiência: encheu de mercúrio um tubo de vidro de 120 centímetros de comprimento, tampou a extremidade aberta e colocou-o, de ponta-cabeça, em um recipiente que também continha mercúrio. Quando destampou a abertura do tubo, ele não se esvaziou completamente. A coluna de mercúrio ficou com uma altura de aproximadamente 760 milímetros, sustentada pela pressão atmosférica na superfície livre do recipiente.

Foi essa pressão que não permitiu que o tubo se esvaziasse completamente. Assim, Torricelli concluiu que a pressão do ar sobre a superfície do mercúrio do recipiente era igual à pressão dos 76 centímetros de mercúrio no tubo. Da mesma forma, se colocarmos água dentro de um copo cheio, grudarmos um papel na boca do copo (a boca úmida o "colará"), e depois virarmos esse copo de ponta-cabeça e o levantarmos em seguida, a água não cai. Isso ocorre porque a pressão atmosférica da parte inferior do papel é maior que a da coluna líquida. O instrumento utilizado para medir a pressão atmosférica é o barômetro.

Princípio de Pascal

O físico e filósofo francês Blaise Pascal (1623-62) afirmou que a pressão produzida em um líquido em equilíbrio é transmitida com a mesma intensidade para todos os pontos do líquido. Uma aplicação prática e corriqueira desse princípio ocorre nos elevadores hidráulicos – aparelho utilizado para levantar automóveis. Formado por vasos comunicantes, o elevador hidráulico é composto de dois recipientes contendo um líquido (normalmente óleo) e fechados por pistões. Quando exercemos pressão em um dos pistões (geralmente o menor), essa pressão se espalha pelo líquido e chega ao pistão onde está o automóvel, levantando-o. O mesmo conceito está presente nas cadeiras de dentistas e nos freios hidráulicos usados nos meios de transportes (quando acionamos o freio do carro, a pressão produzida é transmitida integralmente para as rodas por meio de um líquido – o óleo).

Hidrodinâmica

A hidrodinâmica estuda os fluidos (líquidos e gases) em movimento. O primeiro físico a tratar especificamente do assunto foi o suíço Daniel Bernoulli (1700-82), que publicou em 1738 seu Tratado de hidrodinâmica. Segundo Bernoulli, num fluido que escoa em fluxo contínuo, a pressão depende da velocidade. Quanto maior a velocidade da partícula de um fluido, menor será sua pressão. Esse é o princípio que explica o voo dos aviões: a parte superior da asa possui uma curvatura que permite que o ar passe com maior velocidade nesse local. Se a velocidade do ar é maior, sua pressão é menor, formando uma força de sustentação (empuxo), que vem de baixo para cima. Esse princípio explica também por que a água sai com mais pressão de uma mangueira cuja abertura esteja parcialmente fechada – a velocidade de escoamento da água é menor, o que aumenta a pressão.

Usinas hidrelétricas

Em 2001, o vocabulário dos brasileiros incorporou uma nova palavra: "apagão", ou seja, o colapso do fornecimento de energia elétrica no país. O Brasil passava por sua mais grave crise energética, e a população, sob a ameaça de escuridão iminente e definitiva, viu-se obrigada a apagar luzes, desligar aparelhos, poupar o que antes gastava de forma inconsciente.

Na raiz da crise estava a falta de chuvas no ano anterior. A estiagem prolongada determinou uma acentuada queda nos níveis de água dos reservatórios das usinas de Minas Gerais e Goiás, importantes geradoras nacionais de energia elétrica. Em junho de 2001, o governo anunciou um conjunto de medidas de racionamento. Consumidores deveriam reduzir o consumo, sob pena de pagamento de multa e corte no fornecimento. O programa surtiu efeito, e as chuvas de fim de ano contribuíram para tornar a encher as represas. Foi necessário que

Energia da água e do vapor

A ideia de aproveitar a força da água para gerar energia não nasceu com as hidrelétricas modernas. Moendas para triturar cereais movidas pelo curso de rios existem desde a Grécia antiga; esses moinhos tornaram-se comuns em toda Europa na Idade Média. Também conhecida desde a Antiguidade, a roda-d'água é um instrumento simples e engenhoso, composto de uma roda de madeira circundada por pás. Estava presente nos engenhos coloniais, nas instalações para moer a cana ou fabricar farinha, e ainda é encontrada em sítios no interior do país. Também simples, eficiente e popular é o monjolo, um pilão movido pela água, de origem provavelmente chinesa, mas amplamente difundido na Europa e no Brasil (ainda hoje é usado em pequenas propriedades para moer milho e outros grãos).

A água – agora em estado gasoso – está no coração das mudanças que varreram o mundo no século XVIII. Quando, na Inglaterra, James Watt (1736-1819) aproveitou a expansão de volume que ocorre na vaporização da água para mover uma máquina, deu o salto definitivo para a Revolução Industrial: as máquinas a vapor espalharam-se primeiro pela indústria têxtil e de mineração, substituindo as atividades que eram feitas manualmente. As mercadorias puderam ser fabricadas em larga escala – e também em larga escala puderam ser distribuídas, pois na esteira das máquinas fabris vieram a locomotiva e o navio a vapor.

houvesse essa crise para que muitos reparassem, pela primeira vez, nas íntimas relações entre a água e a força que permite que televisões e ferros de passar funcionem.

Como funcionam as hidrelétricas

A energia pode provir de diferentes fontes. Algumas são não renováveis, ou seja, dependem de recursos limitados; as renováveis baseiam-se em recursos capazes de se recuperar. No primeiro grupo, incluem-se o petróleo e o carvão. No segundo estão a biomassa (resíduos orgânicos), o vento, o sol e a água. No Brasil, a água gera a maior parte da energia, o que é fácil de compreender quando consideramos a quantidade de rios que cortam nosso território.

A usina hidrelétrica obtém energia a partir de uma queda-d'água, a qual pode ser natural, fruto de um desnível do rio, ou obtida por meio de uma barragem. A água cai do nível mais elevado para o mais baixo e, por meio de canais ou tubos, encaminha-se para a casa de força, onde ficam as turbinas e os geradores de eletricidade. Pressionadas pela água, as pás das turbinas movem-se, girando também o gerador, que por sua vez produz a energia elétrica. A quantidade de energia produzida pelo gerador de-

CAPÍTULO 5 – USOS MÚLTIPLOS

A usina hidrelétrica

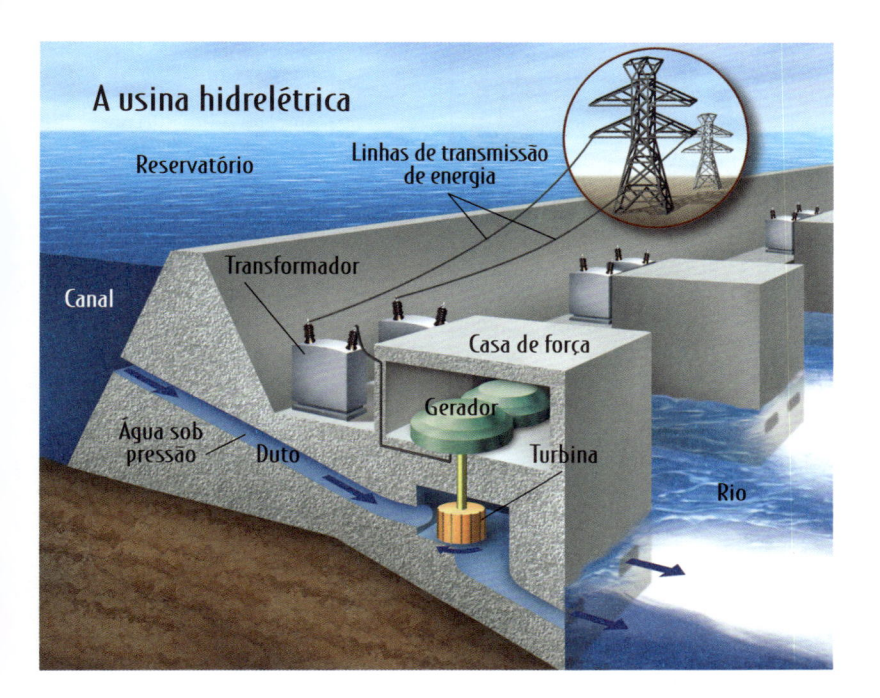

- Reservatório
- Linhas de transmissão de energia
- Transformador
- Canal
- Casa de força
- Gerador
- Água sob pressão
- Duto
- Turbina
- Rio

pende da vazão do rio – ou seja, da quantidade de água de que ele dispõe e da altura da queda.

Depois de produzida nas hidrelétricas, a energia segue para transformadores que aumentam seu nível de tensão (voltagem). Em seguida, ela passa pelas linhas de transmissão ou distribuição e chega até os centros de consumo.

Impacto e contra impacto

Usinas hidrelétricas são, reconhecidamente, uma excelente alternativa para a geração de energia: não são poluentes e permitem a redução do efeito estufa. Estima-se que todos os anos elas economizam, no mundo, 700 milhões de toneladas de petróleo – uma fonte não renovável e poluente. Há, porém, uma grave contrapartida: a construção das usinas acarreta, inevitavelmente, impacto no meio ambiente. Barragens e reservatórios exigem a inundação de imensas áreas, com a consequente destruição da flora e da fauna originais e o deslocamento de populações inteiras. A usina de Sobradinho, por exemplo, desalojou 70 mil pessoas que habitavam as regiões próximas ao rio São Francisco, na Bahia.

Esse paradoxo levou os agentes financeiros internacionais (o Banco Mundial, por exemplo) a aumentar suas exigências antes de financiar a

CAPÍTULO 5 – USOS MÚLTIPLOS

Minas, pioneira

A primeira hidrelétrica do Brasil é a de Ribeirão do Inferno, inaugurada em 1883 em Diamantina, Minas Gerais. Em 1889 começou a funcionar a Marmelos-Zero, na cidade de Juiz de Fora, também em Minas. Em 1901 veio a Parnaíba (hoje Edgard de Souza), em São Paulo; seguiram-se a de Fontes (1907), no Rio de Janeiro, e a Pedra (1913), que é a atual Delmiro Gouveia, em Alagoas, na divisa com a Bahia. O grande salto na construção de hidrelétricas se deu após a Primeira Guerra Mundial, com o início da industrialização do país e da Região Sudeste em geral. Na década de 1930, o país já contava com mais de 500 usinas.

---

construção de hidrelétricas. Cada vez mais, a liberação de verbas depende de projeto adequado para amenizar ou reverter o impacto social e ecológico causado pelas inundações – e os projetos, se bem conduzidos, são eficientes. Um exemplo é a usina hidrelétrica de Itaipu, cuja construção destruiu a imensa cachoeira de Sete Quedas, no rio Paraná, inundando completamente o Parque Nacional em que ela se localizava. A floresta nativa que circundava a obra foi mantida, e as áreas devastadas foram reflorestadas; os animais naturais da área hoje ocupada pelo lago foram resgatados antes da inundação. A usina mantém programas de apoio a agricultores – o lago irriga 260 hectares – e a pescadores, além de prover atendimento em saúde para a população local.

Além da ação ambiental, Itaipu aposta no turismo: a região recebe, diariamente, uma média de 1.700 visitantes do mundo todo, Brasil inclusive, atraídos sobretudo pelo Parque Nacional de Foz do Iguaçu. A usina, com seu lago, praias artificiais, parque e museu ecológico, representa um foco a mais de interesse para esses visitantes e uma oportunidade de desenvolvimento para o comércio local.

ITAIPU

A usina hidrelétrica de Itaipu, no rio Paraná, entrou em funcionamento em 1984. Para a construção da obra, realizada conjuntamente pelo Brasil e pelo Paraguai, o rio foi desviado e parte de seu curso, drenada para ceder espaço à represa principal – um imenso lago de 1,35 mil quilômetros quadrados. Itaipu tem vinte turbinas e potência instalada de 14 mil megawatts. Em 2007, os governos brasileiro e paraguaio inauguraram as duas últimas turbinas, completando sua capacidade operacional 34 anos após o tratado bilateral de criação da usina. Em 2008, Itaipu bateu seu recorde de produção de energia, atingindo a geração de 94.684.781 megawatts-hora, que seria suficiente para cobrir o consumo mundial por quase dois dias.

CAPÍTULO 5 – USOS MÚLTIPLOS

BALBINA

Até a década de 1980, a cidade de Manaus era abastecida por energia originada de usinas termelétricas, poluidoras e antieconômicas (funcionam à base de petróleo). Em 1981, o governo iniciou, no rio Uatumã, na margem esquerda do Amazonas, a construção de uma hidrelétrica capaz de suprir a cidade. Em 1988, entrava em funcionamento a hidrelétrica de Balbina, sob intensos protestos de ambientalistas de todo o mundo. Segundo eles, o impacto ecológico e social provocado pela enorme represa – trata-se de um lago de 2.360 quilômetros quadrados, que exigiu a remoção de comunidades indígenas inteiras – contrasta fortemente com a pouca energia gerada pela usina: 250 megawatts, suficiente para as necessidades de 50% de Manaus. Entre os maiores problemas apontados estão a poluição e acidificação da água do rio, causadas pela decomposição dos vegetais submersos, e a consequente extinção de peixes de várias espécies. Em 1990 foi criada a Reserva Biológica do Uatumã para compensar os impactos ambientais com a construção da Usina e preservar as várias espécies da floresta tropical da bacia do rio. As discussões tiveram o mérito de chamar a atenção da opinião pública, governantes e técnicos para a necessidade de estudos aprofundados que devem preceder a construção de obras no complexo ecossistema amazônico.

TRÊS GARGANTAS

Em 2006, o governo chinês inaugurou a maior hidrelétrica do mundo, com 185 metros de altura e 2,3 quilômetros de extensão. Naquele ano, a usina de Três Gargantas, no rio Yang-Tsé, contava com 14 turbinas, operando com apenas cerca de 50% da sua capacidade. A previsão é que esteja completa em 2011 e tenha uma potência de 22,4 mil megawatts. A construção da usina iniciou-se em 1993, e consumiu até 2010 mais de 37,5 bilhões de dólares. A construção de Três Gargantas relaciona-se ao projeto do governo chinês de diversificar

A remoção dos templos de Assuã

Em 1970, o governo egípcio construiu uma grande represa na cidade de Assuã, às margens do rio Nilo, para alimentar uma das maiores hidrelétricas do mundo. A Unesco se mobilizou para impedir que o lago ali criado – o lago Nasser, de 130 quilômetros quadrados – destruísse os riquíssimos sítios arqueológicos da região. Catorze templos foram removidos e reconstruídos, pedra por pedra, em terreno mais alto. O mais famoso deles é o de Abu Simbel, escavado na rocha por Ramsés II em 1200 a.C. – uma construção colossal com quatro imensas estátuas do faraó intercaladas por imagens de deuses.

CAPÍTULO 5 — USOS MÚLTIPLOS

Principais usinas do Brasil

Região	Usina	Rio	Capacidade (kW)
Norte	Tucuruí I e II	Tocantins	8.370.000
	Balbina	Uatumã	250.000
Nordeste	Paulo Afonso I, II, III e IV	São Francisco	3.879.601
	Xingó	São Francisco	3.162.000
	Itaparica	São Francisco	1.479.600
	Sobradinho	São Francisco	1.050.300
	Moxotó	São Francisco	400.000
Sudeste	Ilha Solteira	Paraná	3.444.000
	São Simão	Paranaíba	1.710.000
	Porto Primavera	Paraná	1.540.000
	Água Vermelha	Grande	1.396.200
	Três Irmãos	Tietê	1.292.000
	Nova Ponte	Araguari	510.000
	Jaguará	Grande	424.000
	Três Marias	São Francisco	396.000
	Emborcação	Paranaíba	119.200
Sul	Itaipu (parte brasileira)	Paraná	6.300.000
	Foz do Areia	Iguaçu	1.676.000
	Salto Osório	Iguaçu	1.078.000
	Capivara	Paranapanema	640.000
	Itaúba	Jacuí	512.400
	Parigot de Souza	Capivari	260.000
Centro-Oeste	Ilha Solteira	Paraná	3.444.000
	Itumbiara	Paranaíba	2.082.000
	Jupiá	Paraná	1.551.200

Fonte: Aneel

CAPÍTULO 5 – USOS MÚLTIPLOS

Tipo de energia	Preço médio para o consumidor brasileiro (R$/MWh)*	Impacto ambiental
Hidrelétrica	de 110 a 135	destruição de ecossistemas por inundação, bloqueios nos rios, deslocamento de população
Biomassa	de 116 a 156	contaminação do solo e mananciais, destruição de fauna e flora
Gás natural	de 130 a 144	poluição do ar, aquecimento do planeta
Eólica	de 131 a 153	praticamente nenhum
Carvão	de 140 a 160	poluição do ar, aquecimento do planeta
Nuclear	de 160 a 1805	riscos de acidentes graves, lixo atômico
Solar	de 600 a 900	praticamente nenhum

* Os preços podem variar devido a fatores como: custo do investimento, fator de capacidade, taxa de retorno dos investidores, condições de financiamento, tarifa de uso do sistema de transmissão, custo do combustível, incentivos fiscais.
Fontes: PSR Consultoria, Empresa de Pesquisa Energética (EPE) e www.superinteressante.com.br

as fontes de geração de energia do país. Sua principal matriz de energia elétrica é o carvão, cuja participação chega a quase 80%, conforme dados da Agência Internacional de Energia, divulgados em 2008.

Porém, a usina de Três Gargantas causa polêmica, sobretudo entre ecologistas. Com bons motivos, pois o impacto ambiental da empreitada segue o tamanho da usina: foram inundadas florestas, inúmeras cidades, sítios arqueológicos e uma das principais regiões turísticas do país, num total de 600 quilômetros quadrados que cerca a represa. Com isso, mais de 1 milhão de pessoas já foram deslocadas. Prevê-se que as terras mais altas, próximas da região da usina, estarão expostas à erosão. O governo chinês rebate as críticas apresentando um programa que inclui a cons-

Maiores produtores mundiais de energia hidrelétrica

País	Geração hidrelétrica (TWh)	Parcela da geração mundial (%)
China	485	15,3
Brasil	374	11,7
Canadá	369	11,7
Estados Unidos	276	8,7
Rússia	179	5,7
Noruega	135	4,3
Índia	124	3,9
Japão	84	2,7

Fonte: Agência Internacional de Energia

CAPÍTULO 5 – USOS MÚLTIPLOS

trução de novas moradias para a população removida e a transferência dos sítios arqueológicos situados nas áreas que serão inundadas, nos moldes do que foi feito na década de 1960 na represa de Assuã, no Egito. Além disso, argumenta que a hidrelétrica permitirá mais controle sobre as águas do Yang-tsé – o instável rio Azul –, responsável por frequentes e catastróficas inundações na região, embora em 2010 a imprensa estatal chinesa já tenha noticiado a impossibilidade de a hidrelétrica conter todas as enchentes do rio.

A utilização política da hidrelétrica também não pode ser desconsiderada. De acordo com as palavras do então presidente chinês Jiang Zemin (em declaração reproduzida pela revista *Época* de 30/5/1998), a usina de Três Gargantas "prova mais uma vez que o socialismo é superior em organizar os povos para realizar grandes obras".

Hidrovias

As hidrovias são um dos sistemas mais eficientes de transporte humano e de mercadorias. Nos Estados Unidos e na Europa, por exemplo, elas são bastante usadas. Acima de tudo, são muito mais econômicas que as rodovias, o sistema mais comum no Brasil – o que representa uma incoerência, tendo em vista os recursos hídricos do país. O custo por quilômetro de uma hidrovia é um sexto do valor da rodovia e um sétimo do valor da ferrovia.

A principal restrição às hidrovias relaciona-se à questão ambiental. Para ser usados como vias de transporte, os rios precisam sofrer alterações, como modificações no curso, aprofundamento do leito, construção de eclusas; a navegação em si pode poluir as águas e prejudicar atividades econômicas tradicionais, como a pesca. Especialistas em transporte argumentam que o impacto causado pelas hidrovias é menor que o provocado por rodovias e ferrovias e pode ser contornado desde que se faça um planejamento prévio adequado. O incremento da navegação fluvial brasileira depende, assim, de que se equacione a polaridade entre preservação e desenvolvimento.

Eclusas

São construções entre dois planos de água de níveis diferentes, que permitem a passagem de embarcações entre a parte mais elevada e a mais baixa. Funcionam, portanto, como elevadores para barcos, instalados nos trechos dos canais em que há cascatas ou desníveis.

COMO CUIDAR DA NOSSA ÁGUA

Principais hidrovias brasileiras

Bacia Amazônica: uma das maiores bacias hidrográficas do mundo, tem cerca de 18.300 quilômetros de rio potencialmente aproveitáveis para a navegação. Nela se situa a hidrovia do Madeira, do Solimões e do Guamá-Capim. Só na hidrovia Madeira, em 2006, houve uma movimentação de cerca de 3 milhões de toneladas de cargas. Os rios da Amazônia são também importantes vias de transporte para as populações locais.

Tocantins–Araguaia: corredor de transporte e de produtos agropecuários, é uma peça importante para a economia da Região Central do Brasil. Como corta amplas áreas de cerrado e de floresta, além de reservas indígenas, tem sido alvo de controvérsias entre ambientalistas, antropólogos e especialistas em transportes. Se inteiramente aproveitada, poderá apresentar um total de 2.126 quilômetros navegáveis.

São Francisco: via natural de comunicação entre os estados de Minas, Bahia e Pernambuco, o Velho Chico é navegável no trecho entre Pirapora (MG) e Petrolina (PE). Transporta 60 mil toneladas de carga anuais, entre produtos agrícolas e minerais, sobretudo gipsita.

Tietê-Paraná: situada na bacia do Prata, a hidrovia atravessa o Centro-Oeste, o Sudeste e o Sul do Brasil – a região de maior desenvolvimento industrial da América Latina –, o que a torna essencial para o funcionamento do Mercosul, ou seja, para a integração entre os mercados do Brasil, Argentina, Paraguai e Uruguai. Em mais de 2 mil quilômetros (entre Goiás, São Paulo e Itaipu), escoam todos os anos cerca de 5 milhões de toneladas de produtos agrícolas e minerais, além de fertilizantes e combustíveis.

Rio Paraguai: utilizado como via de transporte desde a colonização espanhola, o Paraguai possui mais de 3 mil quilômetros de extensão e atravessa a região pantaneira brasileira. Anualmente, cerca de 15 milhões de toneladas de cargas (minérios, cimento, gado e grãos) circulam pela hidrovia, interligando Brasil, Argentina, Paraguai, Bolívia e Uruguai. Só nos terminais brasileiros, movimenta cerca de 3,5 milhões de toneladas de cargas. As obras necessárias para o aumento da hidrovia, porém, encontram resistência entre ambientalistas, preocupados com a manutenção do rico e delicado ecossistema do Pantanal.

Hidrovias do Sul: constituída pela bacia da Lagoa dos Patos e pela Bacia do rio Uruguai, transportam principalmente produtos agropecuários. Em 2006, mais de 2 milhões de toneladas de cargas foram movimentas pelos rios.

ABASTECIMENTO INDUSTRIAL

Atividades industriais consomem grandes volumes de água, utilizada para as mais diversas finalidades: como matéria-prima, solvente ou reagente; para lavagem de produtos, instalações e equipamentos; para resfriamento ou aquecimento; para geração de energia. A quantidade é extremamente variável de acordo com o segmento. Para a produção de uma tonelada de petróleo gastam-se até 40 mil litros de água; para a mesma quantidade de papel, são necessários até 2 milhões de litros. No total, estima-se que 22% da água doce é usada na indústria; porém grande parte dessa água perde-se ou é desperdiçada ao longo dos processos produtivos. Assim, o papel da indústria na crise mundial da água não se restringe à poluição, mas envolve também o excesso de consumo e o desperdício. As soluções, portanto, passam por planejamento mais eficiente, maior controle das etapas produtivas e correto manejo da água.

Efluentes

São águas residuais das diversas atividades humanas, ou os dejetos líquidos ou gasosos emitidos por indústrias ou residências. Exemplos: o esgoto que sai de nossas casas e o líquido limpo que resulta de uma estação de tratamento de esgoto.

Outro ponto fundamental para a gestão hídrica na indústria é o reúso da água. Os efluentes podem ser tratados e reutilizados de diferentes maneiras, mesmo que o reaproveitamento direto não seja possível; da mesma forma, águas originadas do esgoto urbano podem ser reaproveitadas em indústrias – para resfriamento de equipamentos ou lavagem de maquinário, por exemplo.

AGRICULTURA E PECUÁRIA

O alto desperdício de água nas formas mais tradicionais de irrigação de campos de cultivo tem sido objeto de estudos de cientistas, ambientalistas e agrônomos de todo o mundo. Quando se considera que o Brasil possui uma área cultivada de cerca de 50 milhões de hectares, percebe-se a importância do estabelecimento e da viabilização de projetos racionais de irrigação. Por enquanto, prevalecem no país os métodos de superfície, como a aspersão, que imita a chuva, em que o rendimento é baixo e o desperdício é alto. É consenso que métodos como o de gotejamento ou de irrigação subterrânea (em que há tubulações perfuradas enterradas sob a área de cultivo) são mais eficientes e sustentáveis.

A qualidade da água na agricultura é também uma questão de saúde pública: a água poluída em decorrência de esgoto doméstico sem trata-

CAPÍTULO 5 – USOS MÚLTIPLOS

Hidroponia

A palavra hidroponia significa, em grego, "trabalho na água". Contudo, os vegetais cultivados por essa técnica não crescem diretamente no meio aquático, mas em suportes orgânicos (bagaço de cana esterilizado, por exemplo) ou inorgânicos (telhas, calhas ou canos). A água entra sob a forma de uma fraca corrente que alimenta e oxigena as raízes da planta. Embora a técnica se preste ao cultivo de qualquer vegetal, no Brasil, ela é praticada principalmente na cultura de vegetais folhosos (hortaliças, na maioria), cujo ciclo curto permite retorno financeiro mais rápido. O cultivo hidropônico proporciona uma diminuição no emprego de fertilizantes e nutrientes, uma ocupação equilibrada do meio físico (as plantas crescem em estufas, produção elevada em pequenos espaços) e um uso racional e controlado da água. Como exige mão de obra especializada e instalações especiais, tem ainda custos elevados em relação à agricultura tradicional.

mento ou efluentes industriais pode contaminar o solo e os vegetais cultivados, transformando-os em vetores de uma longa série de doenças. Por outro lado, a água residual da agricultura, se carregada de fertilizantes e agrotóxicos, poluirá os corpos d'água que alcançar.

Paralelamente a sua grande produção agrícola, o Brasil tem uma importante indústria pecuária: em 2009 o número do rebanho bovino foi de cerca de 193 milhões de cabeças distribuídas sobretudo nas regiões Nordeste, Centro-Oeste, Sul e Sudeste. Esses animais consomem grandes quantidades de água e produzem resíduos que podem ameaçar as reservas hídricas das regiões próximas aos criadouros. De acordo com artigo do engenheiro Dirceu D'Alkmin Telles, o poder poluente dos dejetos suínos é cerca de dez vezes superior ao do esgoto humano. Entretanto, o Brasil ainda não tem políticas públicas concretas para enfrentar esse problema.

Pesca

Em 2006, de acordo com a FAO (Organização das Nações Unidas para a Agricultura e a Alimentação), a indústria pesqueira produziu mais de 143 milhões de toneladas de pescados, categoria que abrange peixes, moluscos, crustáceos e invertebrados de água doce ou salgada. Curiosamente – tendo em vista a quantidade de rios e a extensão da costa brasileira –, o Brasil está longe de desempenhar um papel relevante nesse mercado, produz anualmente 1 milhão de toneladas de pescado, mas teria potencial para 20 milhões, segundo a FAO.

O mangue e o camarão

Nos manguezais, muitos animais de origem marinha – moluscos, caranguejos, peixes – convivem com aves, anfíbios, répteis e mamíferos que utilizam as águas pantanosas e salobras como abrigo, fonte de alimento e proteção durante a desova. Os camarões adaptam-se perfeitamente a esse ecossistema, o que resultou na construção de criatórios de camarões em mangues de todo o país. O que parece ser uma atividade econômica interessante pode resultar num grande desastre ecológico: as "fazendas de camarões", em que os crustáceos são criados confinados, alteram o equilíbrio ecológico do mangue e o poluem com seus dejetos.

Os números referem-se à pesca comercial em larga escala; a pesca de subsistência, artesanal, realizada por pequenas comunidades ribeirinhas, é de difícil mensuração. Ainda assim, pela pequena produção pode-se entrever um pouco da situação precária das águas brasileiras. Água com peixe é água limpa, um bem escasso: nas bacias localizadas em regiões de grande desenvolvimento industrial – a do rio Paraná, por exemplo –, a pesca tem sido pouco significativa. Na bacia do Amazonas, por outro lado, ela prevalece, apoiada na exuberância da fauna aquática. Ali se concentram cerca de 3 mil espécies de peixes.

Além da pesca comercial, outras categorias são importantes social e economicamente. Uma delas é a pesca esportiva ou amadora, na qual a ideia é capturar o peixe, mas não matá-lo, devolvendo-o à água, e a pesca científica, feita para fins de pesquisa. Todas as formas, se realizadas de maneira indiscriminada, podem ser prejudiciais ao meio ambiente. No Brasil, a legislação proíbe a pesca de arrastão e com rede de malha fina, que capturam peixes muito jovens, e a pesca com explosivos, que afetam fauna e flora locais. Também deve ser observada a época exata para a captura das espécies, a fim de que não sejam pescadas durante a reprodução. O Ministério da Pesca e Agricultura é o órgão responsável pelas licenças, permissões e autorizações para o exercício da pesca amadora. Estima-se que haja mais de um milhão de pescadores amadores no Brasil, mas apenas 200 mil estão autorizados ao exercício da atividade.

Piracema

Época de migração de peixes rumo às nascentes dos rios com a finalidade de reprodução. O termo "pira" vem do tupi-guarani e quer dizer peixe; "cema" significa sair. Quando isso ocorre, as autoridades costumam decretar o defeso, período em que a pesca fica proibida, respeitando-se a desova.

CAPÍTULO 5 – USOS MÚLTIPLOS

Uso estético

A água, com sua extraordinária riqueza simbólica, é um elemento fundamental na composição da paisagem. O chafariz no centro da praça é um tema clássico em qualquer cidade – das pequenas aldeias do interior às metrópoles. O uso estético da água está diretamente ligado à qualidade de vida da população. Mais que embelezar, ela contribui para a harmonia do ambiente, estimulando as atividades sociais, como as esportivas e de lazer. Por isso, quando a água é poluída ou degradada, as consequências são desastrosas: perde-se um referencial de beleza, prejudica-se a interação entre a população e a natureza, interfere-se no ecossistema da região. Um exemplo extremo foi o que ocorreu em 2002 na lagoa Rodrigo de Freitas, no Rio de Janeiro, quando milhares de peixes morreram em consequência da poluição. O mau cheiro e o espetáculo das águas coalhadas de animais mortos – 90 toneladas de peixes foram retiradas – afastaram os frequentadores habituais da região e os turistas ávidos em conhecer um dos cartões-postais da cidade. Em 2003, a Secretaria Municipal do Meio Ambiente anunciou que a situação fora contornada e a poluição na lagoa passou a atingir níveis mínimos.

Recreação

A água é também lazer e diversão – uma finalidade essencial, que remete diretamente ao turismo, indústria em franca expansão em todo o mundo: entre 2000 e 2008, conforme a Organização Mundial de Turismo (OMT), as viagens internacionais cresceram 4,2% ao ano, movimentando cerca de 5 trilhões de dólares. Quem viaja quer ficar perto de água. Represas, praias, rios, estâncias hidrominerais recebem todos os anos quantidades crescentes de visitantes – e nem sempre estão preparadas para acolhê-los. O turismo descontrolado resulta em degradação da paisagem, na poluição da água, na destruição de espécies animais e vegetais. O ecoturismo – modalidade crescente no país – está ainda mais exposto a essa situação, pois costuma envolver localidades desprovidas de infraestrutura sanitária. Portanto, para preservar a qualidade da água e seu potencial recreativo é importante que governo e comunidades desenvolvam programas conjuntos de apoio e desenvolvimento, bem como de educação ambiental.

Balneabilidade

É a qualidade das águas doces ou salgadas destinadas à recreação, ou seja, ao banho ou a outras práticas esportivas. O principal indicador da balneabilidade é a presença de coliformes fecais – micro-organismos lançados na água pelos esgotos domésticos. No Brasil, as secretarias e órgãos oficiais ligados ao meio ambiente em cada estado monitoram a quantidade de coliformes presentes nas praias (ou nos corpos d'água), classificando-as como "próprias" ou "impróprias" para o banho. O banhista deve procurar sempre informar-se da classificação da praia que frequenta, e jamais arriscar um mergulho em local impróprio.

Agenda

- **ONS – Operador Nacional do Sistema Elétrico**
  www.ons.org.br

- **Eletronorte – Centrais Elétricas do Norte do Brasil S.A.**
  www.eletronorte.gov.br

- **Itaipu**
  www.itaipu.gov.br

- **Furnas Centrais Elétricas S.A.**
  www.furnas.com.br

- **Cemig – Companhia Energética de Minas Gerais**
  www.cemig.com.br

- **Antaq – Agência Nacional de Transportes Aquaviários**
  www.antaq.gov.br

- **Ministério da Pesca e Agricultura**
  www.mpa.gov.br

Desafio Mundial

6

QUESTÃO DE SOBREVIVÊNCIA

A ORIGEM DA CRISE

MUITA PARA UNS, POUCA PARA OUTROS

SOLUÇÕES

AGENDA

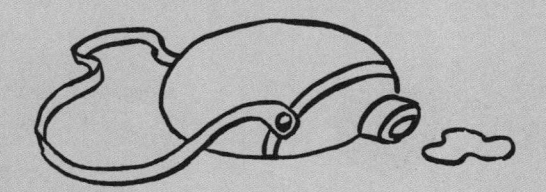

CAPÍTULO 6 — DESAFIO MUNDIAL

Questão de sobrevivência

Nada é mais abundante no planeta do que a água. Por isso, é difícil imaginar que sua escassez possa causar mortes e conflitos internacionais, ameaçar a sobrevivência de animais e plantas e comprometer alguns setores da economia. Entretanto, tal cenário é cada vez mais recorrente.

Aproximadamente 3 bilhões de pessoas no planeta sofrerão com a escassez de água em 2025. A estimativa foi divulgada em 2009 pela ONU, que considera os recursos hídricos uma de suas preocupações prioritárias.

A crise já começou. No início do século XXI, uma em cada cinco pessoas residentes em países em desenvolvimento não tinham acesso à água potável. O consumo médio de água é mais baixo em países pobres da Ásia e África. Dados da FAO atestam que, em Moçambique, o consumo de um habitante é inferior a 10 litros por dia.

É muito pouco. Pelos cálculos da ONU, um indivíduo adulto precisa de algo em torno de 20 litros diários de água potável para viver, ou seja, para ingestão, preparo de alimentos, diluição de esgotos e higiene pessoal. O cálculo não inclui dezenas de milhares de litros gastos na agricultura, na pecuária ou na indústria. Como já declarou o diplomata Koichiro Matsuura, na ocasião em que era diretor-geral da Unesco, órgão da ONU que coordenou um dos maiores estudos já realizados sobre a situação da água do mundo, "nenhuma região será pou-

Populações sem acesso à água tratada
(total: 884 milhões de pessoas)

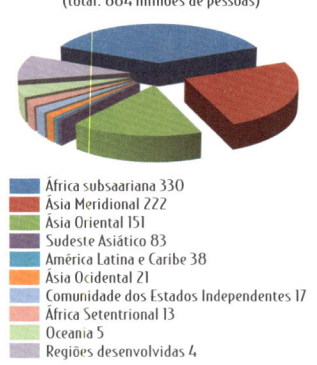

- África subsaariana 330
- Ásia Meridional 222
- Ásia Oriental 151
- Sudeste Asiático 83
- América Latina e Caribe 38
- Ásia Ocidental 21
- Comunidade dos Estados Independentes 17
- África Setentrional 13
- Oceania 5
- Regiões desenvolvidas 4

Populações sem coleta de esgotos
(total: 2,6 bilhões de pessoas)

- Ásia Meridional 1070
- Ásia Oriental 623
- África subsaariana 565
- Sudeste Asiático 180
- América Latina e Caribe 117
- Ásia Ocidental 30
- Comunidade dos Estados Independentes 29
- África Setentrional 18
- Regiões desenvolvidas 15
- Oceania 9

Fonte: ONU

pada do impacto dessa crise que afeta todos os aspectos da vida, da saúde das crianças à capacidade das nações de providenciar comida".

De fato, no mundo atual, é mais fácil morrer por falta de água ou de saneamento do que outra causa. Segundo a Organização Mundial de Saúde (OMS), a diarreia aparece em segundo lugar na lista de doenças mundiais. Mata por ano 1,5 milhão de crianças, mais do que Aids, malária e sarampo juntos, de acordo com relatório do Unicef 2009. Cerca de 88% das mortes por diarreia são atribuídas à má qualidade da água, saneamento inadequado e falta de higiene.

A degradação da água não compromete apenas a qualidade de vida humana. Ela também põe em risco a sobrevivência de inúmeras espécies animais e vegetais. Cientistas do Diversitas, programa internacional de biodiversidade apoiado pela Unesco, alertaram em 2009 que espécies de ecossistemas aquáticos estão desaparecendo em um ritmo entre quatro e seis vezes mais acelerado que as espécies terrestres ou marinhas. De acordo com relatório divulgado em 2009 pela União Internacional para a Conservação da Natureza e dos Recursos Naturais (IUCN, em inglês), 37% dos peixes de água doce estão ameaçados de extinção. Outros animais enfrentam declínio similar: 21% dos mamíferos conhecidos, 12% das aves e 35% dos invertebrados estão em risco. Segundo a organização, das 47 mil espécies analisadas no relatório, 17 mil podem desaparecer. Um dos principais motivos é que eles já não encontram as condições mínimas para sobreviver e se reproduzir devido à destruição de seus hábitats, aí incluídos lagos, rios e mares

A origem da crise

Inúmeros fatores contribuíram para tornar rara uma substância até recentemente tão presente em quase todos os lugares. Os principais são o crescimento populacional, a poluição, o desmatamento, a construção de hidrelétricas – capazes de mudar o curso original dos rios –, o desperdício e as mudanças climáticas que fazem chover onde já é úmido, enquanto aumentam a seca dos desertos.

267 bebês por minuto

A humanidade levou milhões de anos para chegar ao contingente de 1 bilhão de indivíduos, fato ocorrido em 1830. Menos de um século depois, em 1927, chegou ao seu segundo bilhão. O terceiro bilhão veio em 33 anos e o quarto chegou em 1974, apenas 14 anos depois. Desde então, o planeta ganhou 2,8 bilhões, chegando a 6,8 bilhões em 2009. A estimativa para 2050 é de mais de 9 bilhões de pessoas.

O ritmo dessa expansão preocupa os estudiosos do assunto desde 1798, quando o economista britânico Thomas Malthus (1766-1834) previu que o crescimento populacional acabaria por suplantar o ritmo de ampliação da oferta de alimentos e água. A FAO calcula que para atender às necessidades da população mundial em 2050 será preciso dobrar a produção de alimentos. A produção global anual de carne deverá ser de 463 milhões de toneladas até 2050 (eram 228 milhões de toneladas em 2010). O que elevará a demanda por grãos para ração em 553 milhões de toneladas.

A população atual e os novos habitantes exercem uma pressão evidente sobre os mananciais de água doce e também sobre os oceanos. Isso porque pelo menos a metade dos habitantes do planeta vive numa faixa costeira que se estende até 200 quilômetros rumo ao interior. O aumento da população em 80 milhões de pessoas ao ano provoca elevação da demanda mundial por água potável em 64 trilhões de litros ao ano.

A boa notícia é que o ritmo de crescimento populacional está caindo na maior parte do planeta. Em países em desenvolvimento, a taxa de natalidade passou de seis filhos por mulher em 1950 para 2,5 em 2010. No Brasil, o índice em 2010 era de dois filhos por mulher. Embora a taxa mundial tenha caído para 1,2% por ano, nesta década, o planeta ganhou mais de 75 milhões de habitantes por ano, a maioria na África e na Ásia.

Um rio chamado esgoto

Nos países pobres, as principais cidades são banhadas por rios que mais parecem esgotos a céu aberto. A mistura de efluentes agrícolas, industriais e residenciais inclui matéria orgânica,

> ### Água no feminino
>
> Na maior parte das áreas rurais do planeta, mulheres e crianças são responsáveis pela obtenção, emprego e administração da água para fins domésticos. A família depende delas para obter não só a água de beber, mas também para empregar na horta, nos bebedouros dos animais, no banho e na produção de alimentos. Por isso, as mulheres costumam ter bons conhecimentos sobre os recursos hídricos, sua qualidade e confiabilidade e os melhores métodos de estocagem.
>
> Quando os mananciais mais próximos estão secos ou contaminados, mulheres e crianças são obrigadas a fazer longas caminhadas diárias, em busca de novas fontes. De acordo com o Relatório de Desenvolvimento Humano 2006, da ONU, as mulheres gastam cerca 4 horas por dia na atividade de coleta e carregamento de água.

metais pesados e outros resíduos químicos que, na falta de coleta e tratamento adequados, acabam sendo arrastados para os cursos d'água.

Isso é especialmente grave em regiões que fazem baixos investimentos em saneamento básico – de modo geral é o que ocorre nos países em desenvolvimento A maioria das pessoas desprovidas de esgotamento sanitário adequado reside na Ásia (70%) e África Subsaariana (22%). Nos países da América Latina e Caribe, 16% da população não têm acesso à água potável; 20% vivem sem saneamento adequado e 51% só usam latrinas e fossas sépticas. Estima-se que 90% dos esgotos do mundo em desenvolvimento são despejados sem tratamento em oceanos, mares, rios e lagos.

Os lençóis freáticos, que pareceriam mais protegidos por fluir no subsolo, também estão com frequência contaminados. As águas subterrâneas de Mérida, no México, estão tão degradadas por esgotos e pela sujeira do solo arrastada pelas chuvas que já ameaçam contaminar os poços que abastecem a cidade. O mesmo ocorre no Sri Lanka e em várias cidades indianas. Jacarta, a capital da Indonésia, que tem centenas de milhares de fossas sépticas, segue pelo mesmo caminho.

Os oceanos, apesar da abundância de suas águas, também enfrentam problemas similares, associados a derramamentos de petróleo, ao despejo de esgotos por emissários submarinos e ao escoamento de contaminantes presentes na costa. Pelo menos metade das áreas costeiras do planeta enfrenta pressões ambientais entre moderadas e extremas, devido ao crescimento populacional e aos projetos de desenvolvimento. Um exemplo é o ocorrido na Grande Tóquio, que, com mais de 35,7 milhões de habitantes, foi considerada pela ONU em 2007 a maior aglomeração humana do mundo. A necessidade de abrigar tal multidão – quase 30% da população japonesa – impôs o avanço das construções sobre as praias da baía de Tóquio, que virtualmente desapareceram.

Fossa séptica

É uma câmara subterrânea de cimento ou alvenaria, onde são acumulados os esgotos de um ou vários imóveis para ser digeridos por bactérias. O líquido resultante dessa digestão deve ser dirigido a uma rede coletora ou sumidouro.

O desmatamento

A vegetação que margeia rios e lagos, conhecida como mata ciliar ou mata de galeria, ajuda a segurar suas margens para que estas não desbarranquem. Quando tal vegetação é removida, o solo fica exposto à chuva e ao vento e, com frequência, é arrastado para o corpo d´água. Esse acú-

CAPÍTULO 6 — DESAFIO MUNDIAL

Chuva corrosiva

A chuva é essencial à sobrevivência da vida no planeta, mas, em algumas circunstâncias, pode se transformar numa verdadeira ameaça. Em regiões muito poluídas, a água entra em contato com óxidos de enxofre e nitrogênio, tornando-se ácida. Tais óxidos são emitidos na queima de combustíveis fósseis (como carvão e derivados de petróleo) por veículos, indústrias ou usinas termelétricas.

Quando a chuva ácida cai, pode matar peixes e outras formas de vida aquática, inibir o crescimento de árvores e lavouras, corroer edifícios e monumentos históricos e causar problemas respiratórios no homem. As primeiras "chuvas negras", como foram inicialmente batizadas, começaram a ser observadas na Inglaterra, nos idos de 1860, época em que a Revolução Industrial começava a ampliar a queima de combustíveis fósseis no país.

Ao queimar combustíveis fósseis, o homem despeja na atmosfera milhões de toneladas de enxofre. Também joga outras milhões de toneladas de nitrogênio. Devido à dependência do carvão na economia e ao ritmo do seu crescimento, a China tornou-se um dos maiores emissores de gases do efeito estufa, tendo registrado chuva ácida em pelo menos 30% do território. As pirâmides egípcias, o Partenon grego e o Taj Mahal, na Índia, estão entre alguns dos edifícios históricos ameaçados.

mulo de sedimentos no fundo de um rio é conhecido como assoreamento, um fenômeno que faz com que o rio fique mais raso e com menor capacidade de escoamento.

Em áreas urbanas, a derrubada da mata ciliar costuma ser acompanhada de uma ocupação indevida das margens, o que agrava o problema. Imóveis são construídos em áreas que são inundadas periodicamente, na época das chuvas. Além disso, o solo é em geral pavimentado, não conseguindo, assim, absorver as águas pluviais, que escorrem rapidamente para as áreas mais baixas, arrastando as impurezas acumuladas nas ruas. As bocas de lobo, que deveriam recolher a enxurrada, muitas vezes estão entupidas e não dão conta do volume que recebem. Nas baixadas, a água da chuva encontra o rio, que não tem capacidade de recebê-la e transborda, invadindo ruas e casas e parando o trânsito.

Mudança de curso

Cerca de 60% dos 227 maiores rios do mundo estão completamente fragmentados por barragens, canais e desvios. É o caso do Nilo, Ganges, Mississípi, Danúbio, cujos cursos sofreram inúmeras modificações ao longo dos séculos.

Existem pelo menos 800 mil barragens no planeta, sendo 48 mil de grande porte e a maioria de pequeno

CAPÍTULO 6 – DESAFIO MUNDIAL

ou médio porte. Juntas, elas inundam uma superfície semelhante à da Espanha. Suas finalidades: gerar energia, promover a irrigação, distribuir água e controlar enchentes. Como qualquer superfície hídrica, as barragens ficam expostas à irradiação solar e à evaporação, que é gigantesca: são 200 quilômetros cúbicos de água por ano, o que equivale a 7% de toda a água doce consumida pelas atividades humanas no mesmo período. Embora essas águas acabem por se precipitar em forma de chuva, tal desvio implica um impacto considerável no balanço hídrico do planeta. Barragens e represas também podem modificar a composição, a temperatura e o ritmo de escoamento da água.

O consumo abusivo

No início século 21 já consumíamos seis vezes mais água doce do que em 1900 – embora a população mundial não tenha crescido na mesma proporção ao longo do século. Os altos padrões de consumo hídrico estão associados sobretudo à irrigação dos campos – geralmente perdulária e responsável por mais de 70% da água doce empregada – e pelas indústrias, que utilizam outros 22%.

Estimativas de 2003 da Unesco apontam que o consumo industrial vai subir para 1.170 km³/ao ano em 2025, contra 752 km³/ano em 1995, o que quivale a um aumento de 55% em três décadas, com consequente elevação em suas emissões poluentes nos corpos d'água.

Aral, o mar que vai morrer

O Mar de Aral, na Ásia Central, já foi o quarto maior lago do mundo. Durante o século XX, ele perdeu um terço de sua área, dois terços da sua água e quase todos os seus organismos vivos. Sobre a areia antes recoberta pela água, hoje se veem ossos de vacas e cascos podres de navios. As fazendas de seu entorno ficam cobertas por um pó branco semelhante a uma fina neve: é o sal originado de décadas de irrigação descontrolada que se espalha pelas superfícies. A cidade de Muynak, no Usbequistão, que antes ficava à sua margem, hoje está a uma distância de 75 quilômetros, devido ao recuo das águas.

A história do Aral ganhou mundo como exemplo da má gestão da água durante o extinto império soviético. Nos anos 1950, foi escolhido como modelo da agricultura coletivista planificada – embora estivesse no meio de uma região semidesértica. Para que se pudesse plantar ali, primeiro foi aberto, em 1956, o canal Kara Kum, junto à fronteira afegã, para recolher água do rio Amu Dayra. Depois foram construídos mais três canais de irrigação. Tais obras reduziram muito a quantidade da água que chegava ao lago, de modo que, nas décadas seguintes, o seu nível começou a baixar. Provavelmente ele nunca mais vai se recuperar.

O dispêndio doméstico também tem sua parte na responsabilidade. Eletrodomésticos de alto consumo, como máquinas de lavar louça e roupa, e práticas pouco recomendáveis, como a lavagem de automóveis e quintais com mangueira, multiplicam o volume de água de que as populações necessitam no cotidiano.

Em consequência, os lençóis freáticos estão baixando dezenas de metros em várias partes do mundo, exigindo a escavação de poços cada vez mais profundos. Em Gujarat, na Índia, os excessos no bombeamento do lençol freático fizeram com que seus níveis descessem até 40 metros. Isso acabou agravando as disparidades sociais, por privar os produtores rurais mais pobres do acesso à água, que só é possível para quem pode pagar pelos equipamentos de perfuração. Em algumas partes do estado norte-americano do Texas o rebaixamento chegou a 50 metros em meio século.

Mudanças climáticas

A Terra está se aquecendo lentamente. Todos os anos do século 21 estão entre os dez mais quentes desde que as medições começaram. As séries históricas de dados, a partir dos anos 1990, também indicam um aquecimento de 0,2 °C por década. De acordo com o quarto relatório do IPCC (Painel Intergovernamental sobre Mudança Climática da ONU), feito por mais de 2.500 cientistas do mundo todo e divulgado em 2007, a previsão é que a temperatura do planeta suba entre 1,8 °C e 4 °C até 2100. Projeções mais pessimistas apostam em mais de 5 °C.

Tal fenômeno muda toda a dinâmica do planeta. O derretimento das geleiras já provocou uma elevação entre 10 e 20 centímetros desde 1900. Doenças tropicais associadas à temperatura, como malária e febre amarela, têm ocorrido em regiões onde até então não eram registradas. Isto porque os mosquitos que as transmi-

Sal da terra

A exploração excessiva dos lençóis freáticos, devido à abertura de poços artesianos, faz com que a água do mar preencha os vazios deixados pela retirada da água doce. Isso resulta na salinização quase irreversível de uma faixa do litoral até então propícia à agricultura.

O fenômeno é particularmente comum na Tailândia e em diversas ilhas da Indonésia, mas tem sido registrado em outras partes do planeta. É o que aconteceu na planície costeira de Batinah, em Omã – um dos países com menor disponibilidade hídrica do mundo. Uma vez salinizada, a área tornou-se completamente imprópria para o cultivo. Em Madras, na Índia, a água salgada chegou a avançar 10 quilômetros continente adentro, comprometendo vários poços usados na irrigação.

tem já conseguem sobreviver em altitudes mais elevadas, que ficaram mais quentes.

Os desastres naturais também se multiplicaram. Todos os anos, a resseguradora alemã Munich Re levanta o volume de indenizações pagas por catástrofes ligadas ao clima, como tornados e maremotos. Ela constatou que, ao longo da década de 1990, as indenizações ficaram na casa dos 608 bilhões de dólares – três vezes mais do que o valor pago nos anos 1980.

Os recursos hídricos são particularmente afetados pelo aquecimento global. Na última década, desastres de origem geológica, como terremotos, erupções vulcânicas, se mantiveram em números estáveis em relação aos últimos 60 anos. Mas as ocorrências associadas ao clima, como inundações, secas ou tempestades, dobraram em relação à década de 1990 e quase triplicaram em comparação com os anos 1980. Segundo dados da ONU, 780 mil pessoas morreram de 2000 a 2009 devido a desastres naturais. Depois dos terremotos (60%), os desastres naturais com mais mortes na referida década foram os furacões e tempestades (22%) e as temperaturas extremas (11%). Há previsão de que o número de afetados por inundações, tempestades e secas possa totalizar 375 milhões de pessoas em 2015, de acordo com relatório da organização Oxfam, divulgado em 2009.

Temperatura máxima

O vidro das estufas de jardinagem deixa a luz do sol passar, mas não permite que o calor saia. É exatamente o que ocorre com a Terra, envolta desde seus primórdios por uma camada de gases (metano, dióxido de carbono, ozônio, óxido nitroso e CFC). São os chamados gases estufa, que funcionam como isolantes de mão única.

Trata-se de um fenômeno natural, que sempre ocorreu na Terra, mas que está se ampliando rapidamente devido ao aumento das emissões dos gases estufa, que retêm cada vez mais calor junto à superfície do planeta. Tais gases são emitidos sobretudo pela queima de combustíveis fósseis (petróleo, gás e carvão) e o desmatamento. Entretanto, diversas outras atividades produzem alguns desses gases, como a flatulência do gado, a fermentação do lixo, de pântanos e de certos produtos agrícolas, como o arroz.

O aquecimento global promove o derretimento progressivo das calotas polares, que aumentam o estoque de água dos oceanos, elevando o nível do mar. Ao mesmo tempo, a água que já existe nos oceanos tende a se expandir com o calor.

Esse fenômeno abre caminho para a inundação de áreas litorâneas, onde se concentra a maior parte da população terrestre. Em Bangladesh, por exemplo, uma elevação de apenas um metro alagaria 10% do território e levaria 8 milhões de camponeses a abandonar suas terras.

Risco de desertificação global

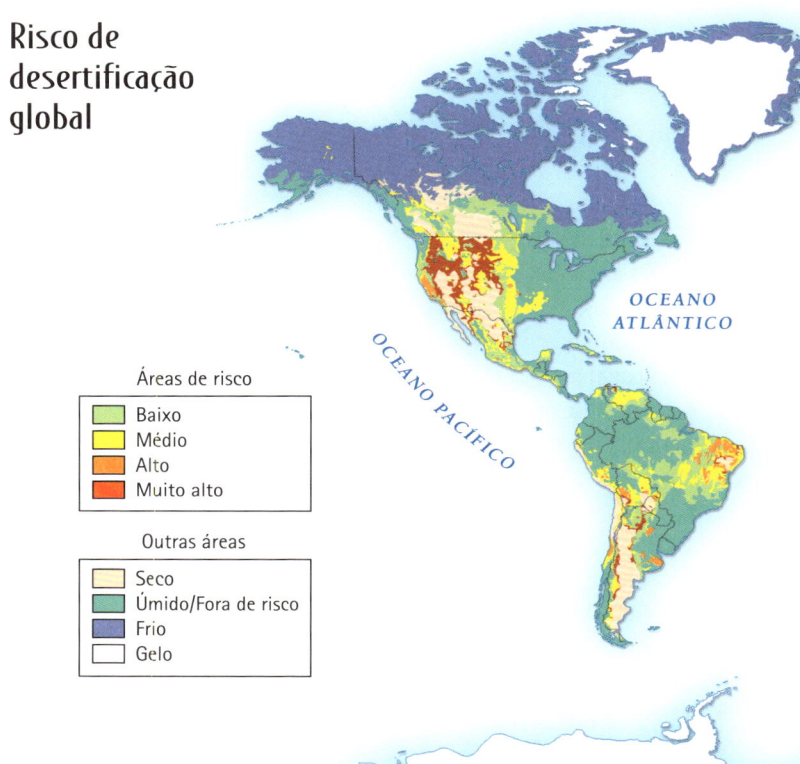

Áreas de risco
- Baixo
- Médio
- Alto
- Muito alto

Outras áreas
- Seco
- Úmido/Fora de risco
- Frio
- Gelo

O AVANÇO DO DESERTO

A Terra é coberta por uma camada fina de solo, essencial à prática da agricultura, que pode ser facilmente destruída se não for manejada adequadamente. Esse risco é maior em locais onde a água não é abundante, como as regiões áridas e semi áridas. Elas representam mais de um terço da superfície terrestre e abrigam pelo menos 1 bilhão de pessoas.

O processo de desertificação costuma envolver a perda de vegetação e a erosão do solo. Dentre suas principais causas estão as variações climáticas naturais e as atividades humanas. Os excessos cometidos na mineração, na agropecuária intensiva e na irrigação – que promove a salinização dos solos – estão entre os maiores responsáveis pela degradação das regiões mais áridas, que perdem sua capacidade produtiva, tanto no sentido ambiental quanto no econômico.

Entretanto, este processo também pode ocorrer naturalmente. Hoje há evidências de que o deserto do Saara, no Norte da África, tornou-se árido entre 7 mil e 3 mil anos atrás, devido a uma pequena mudança no eixo de órbita da Terra.

CAPÍTULO 6 – DESAFIO MUNDIAL

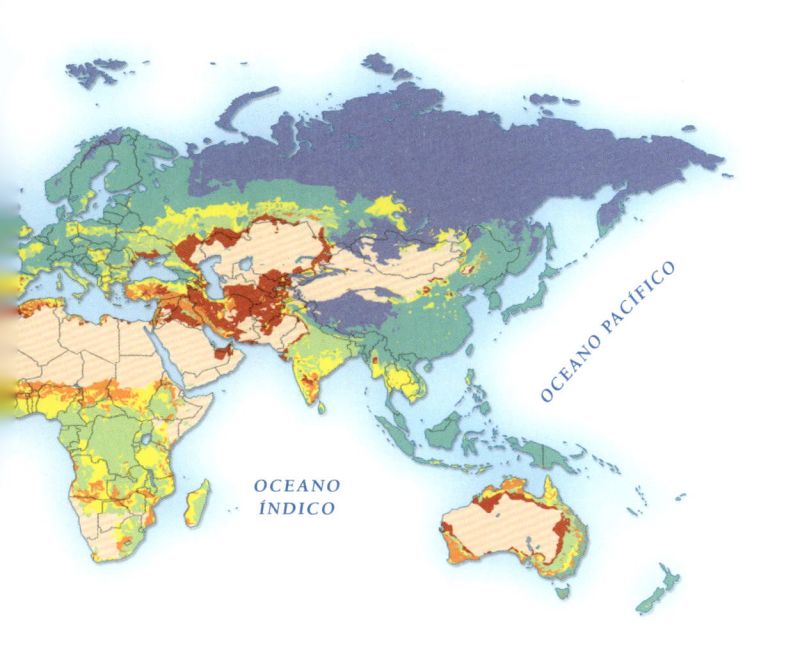

OCEANO PACÍFICO

OCEANO ÍNDICO

Fonte: United States Department of Agriculture – Natural Resources Conservation Service

Reverter esse quadro custa caro. É necessário promover o reflorestamento, estabilizar dunas e escarpas (declives íngremes que favorecem a erosão) e implantar novas técnicas agrícolas. Bilhões de dólares tiveram de ser investidos nos anos 1930 para controlar a devastação causada pelo chamado Dust Bowl – literalmente "tigela de pó". O fenômeno – gigantescas tempestades de poeira, associadas à longa estiagem e a práticas agrícolas inadequadas – acabou dando o nome a um largo trecho do Meio-Oeste norte-americano, inclusive parte do estado do Texas.

Dias para lembrar

22 de março
Dia Mundial da Água – A data foi proposta em 1992, durante a Conferência das Nações Unidas Sobre Meio Ambiente e Desenvolvimento (ECO-92), promovida no Rio de Janeiro.

17 de junho
Dia Mundial do Combate à Desertificação e à Seca – Marca o aniversário da adoção, pela ONU, da Convenção de Combate à Desertificação, em 1994.

CAPÍTULO 6 – DESAFIO MUNDIAL

Disponibilidade d

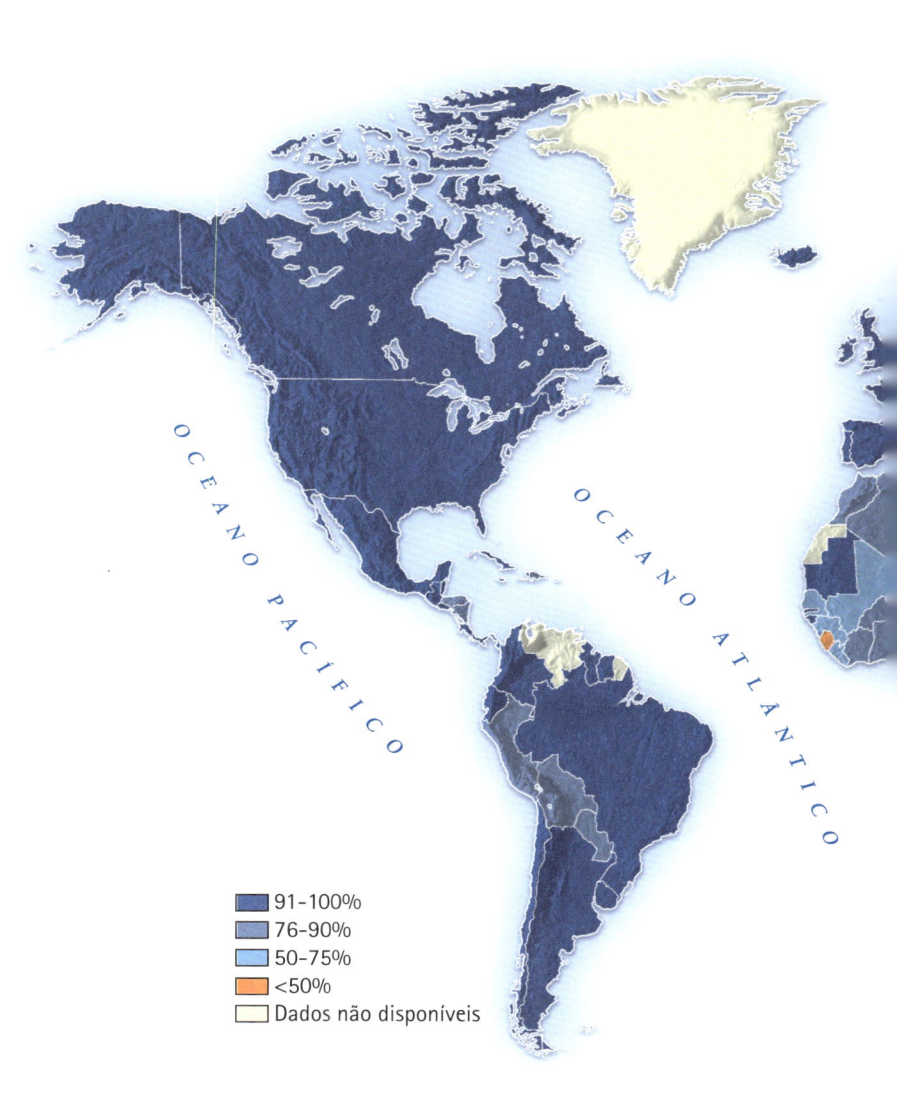

- 91-100%
- 76-90%
- 50-75%
- <50%
- Dados não disponíveis

CAPÍTULO 6 — DESAFIO MUNDIAL

Água doce no mundo

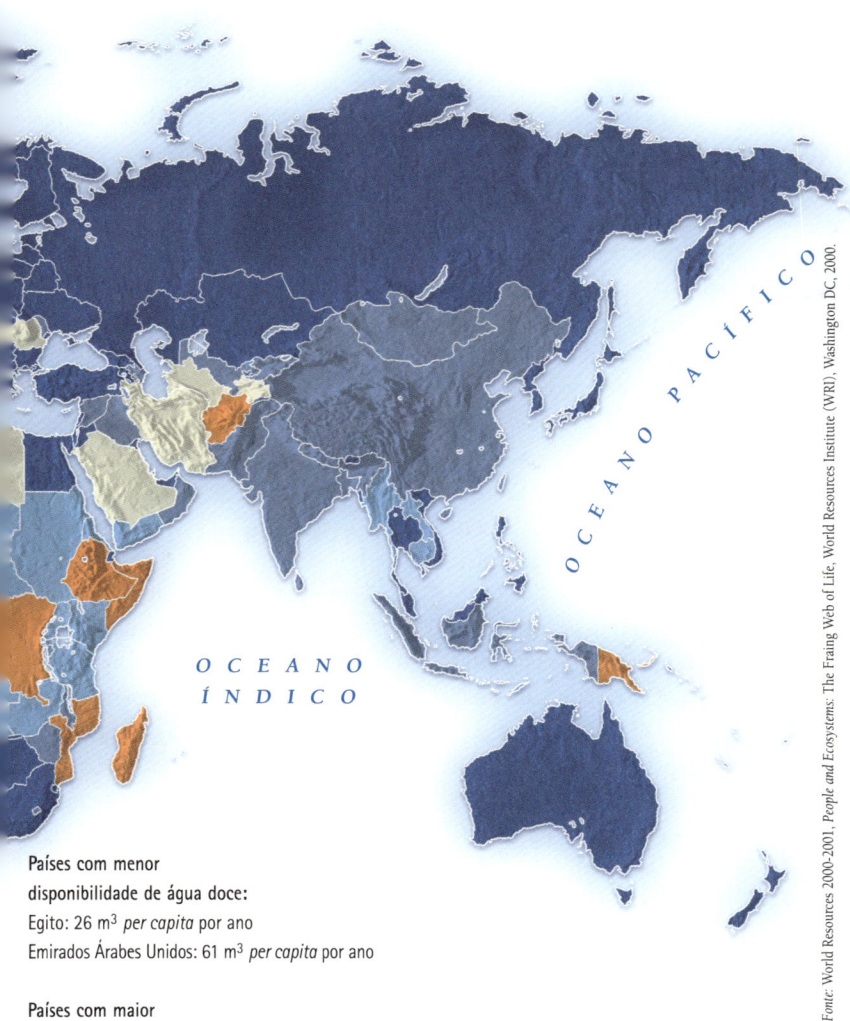

OCEANO PACÍFICO

OCEANO ÍNDICO

Países com menor disponibilidade de água doce:
Egito: 26 m³ *per capita* por ano
Emirados Árabes Unidos: 61 m³ *per capita* por ano

Países com maior disponibilidade de água doce:
Suriname: 479.000 m³ *per capita* por ano
Islândia: 605.000 m³ *per capita* por ano

Fonte: World Resources 2000-2001, *People and Ecosystems: The Fraing Web of Life*, World Resources Institute (WRI), Washington DC, 2000.

COMO CUIDAR DA NOSSA ÁGUA

CAPÍTULO 6 – DESAFIO MUNDIAL

Muita para uns, pouca para outros

A água não foi distribuída igualmente entre todos os países. As regiões mais ricas costumam dispor de maiores índices de pluviosidade e de tecnologias mais avançadas que permitem utilizar os recursos hídricos de forma eficiente. Em contraste, muitos dos países mais pobres estão em regiões áridas ou ilhas, onde os mananciais são raros. Outros têm uma distribuição desigual das chuvas ao longo do ano, o que impede uma utilização mais eficiente. É o que ocorre na Índia, que tem 90% de suas precipitações concentradas na estação das monções, que vai de junho a setembro. Nos oito meses restantes, praticamente não chove nem uma gota.

O Kuwait – país com os maiores estoques de petróleo *per capita* do mundo – é, ironicamente, o que dispõe da menor oferta de água. Ele oferece 10 mil litros anuais a cada um de seus habitantes, muito menos do que o recomendado pela ONU. A lista das nações com maior penúria hídrica inclui também Emirados Árabes, Bahamas, Catar, Ilhas Maldivas, Líbia, Arábia Saudita, Malta e Cingapura.

Alguns países até têm água em quantidade razoável, mas a sua contaminação é tamanha que acaba comprometendo o abastecimento. Esta categoria é liderada pela Bélgica, devido aos altos índices de poluição industrial e ao saneamento básico insuficiente. Em seguida, vêm Marrocos, Índia e Sudão, entre outros.

Em contraste, os recursos hídricos são particularmente abundantes na Islândia, com cerca de 605 mil metros cúbicos *per capita* anuais. O Suriname chega a 479 mil metros cúbicos. A água também não é problema para Guiana, Congo, Papua-Nova Guiné, Gabão, Ilhas Salomão, Canadá e Nova Zelândia.

Briga de vizinhos

A progressiva escassez faz com que a água seja tão cobiçada quanto o petróleo. Por isso, o direito de construir barragens e explorar rios ou lençóis freáticos tem causado tensões internacionais ao longo da história. O quadro se complica pelo fato de que mais de 200 grandes bacias atravessam mais de um país.

Os conflitos derivados da construção da barragem indiana de Farakka são bastante ilustrativos. Ela desvia as águas do rio Ganges para Calcutá, impedindo que ele siga seu curso natural, rumo a um país vizinho, Bangladesh. As tensões geradas por sua

CAPÍTULO 6 — DESAFIO MUNDIAL

construção, iniciada em 1962, repercutiram por mais de 30 anos, até que os dois países assinaram um tratado que determinou a formação de um comitê conjunto para a tomada de decisões e estabeleceu alguns parâmetros (a disponibilidade de água para Bangladesh não pode descer além de determinado limite).

Mas o Oriente Médio é a região onde a briga pela água é mais recorrente, agravando um ambiente já bastante turbulento.

No início dos anos 1970, o Iraque ameaçou bombardear a barragem Síria de Al-Thawra e deslocou tropas para a fronteira, alegando que a obra reduziu o volume de água que fluía pelo rio Eufrates. Em 1975, a disputa chegou ao auge, mas uma bem-sucedida mediação da Arábia Saudita impediu que houvesse uma guerra. Duas décadas depois, o Iraque voltou a se envolver numa briga por recursos hídricos, dessa vez contra a Turquia, que terminava as obras da barragem de Ataturk, e interrompeu o fluxo de água do Eufrates por um mês.

Egito e Etiópia também enfrentaram longos períodos de tensão na disputa pelas águas do Nilo. Um dos rios que lhe dá origem, o Nilo Azul, nasce na Etiópia, e este país decidiu construir uma série de barragens em suas cabeceiras. No auge da crise, em 1979, o então presidente do Egito, Anuar Sadat (1918-81), chegou a declarar: "O único motivo que poderia levar o Egito à guerra novamente é a água".

Rixa semelhante envolve o rio Jordão. Suas águas são disputadas há décadas por israelenses e palestinos e têm de ser negociadas com seus vizinhos, principalmente Jordânia, Síria e Líbano, com quem compartilham alguns mananciais. Diante da escassez hídrica na região, Israel impõe pesadas metas de economia à sua própria população, bem como um controle severo dos aquíferos em território dos palestinos, que têm contestado tal direito.

Soluções

Para garantir um amplo acesso à água potável nos países em desenvolvimento, seria necessário que os governos aplicassem mais recursos financeiros, levando em conta que o investimento na ampliação do acesso à água potável e do saneamento básico contribui para o crescimento econômico do país. Segundo a OMS (Organização Mundial de Saúde), os ganhos podem ser de até 34 vezes o valor do montante aplicado, dependendo da região. Já o retorno na área da saúde é de 60 dólares para cada 1 dólar investido.

Pela importância no desenvolvimento socioeconômico, a comunidade internacional tem assumido reiterados compromissos de investir na democratização do acesso à água de qualidade. Em 2000, a ONU organizou a chamada Cúpula do Milênio, que, dentre outras resoluções, determinou que até 2015 se reduza à metade o número de pessoas sem acesso à água potável. Posteriormente, em setembro de 2002, a Rio+10 – conferência das Nações Unidas sobre desenvolvimento sustentável promovida na África do Sul – propôs a extensão desse compromisso, reduzindo à metade o número de indivíduos sem acesso ao saneamento básico, no mesmo prazo. Anualmente desde 1991 é realizada em Estocolmo a Semana Mundial da Água, que reúne cientistas, representantes de governo, organizações não governamentais e empresários para debaterem questões como escassez, boa gestão do recurso, saneamento, entre outros. O fato é que a escassez de água de boa qualidade exige um ataque em vários fronts. Primeiro é necessário reduzir os fatores que comprometem os estoques disponíveis, como o desmatamento, o consumo excessivo e a poluição. Depois, pode-se apelar para uma série de soluções tecnológicas já disponíveis, como a dessalinização da água do mar ou a reciclagem dos esgotos tratados, que podem ser usados para regar jardins, lavar ruas ou ainda em processos industriais.

Agenda

- **A água segundo a ONU**
  www.unesco.org/water/wwap/
  (em inglês)

- **Água doce e saneamento**
  www.unwater.org
  (em inglês)

- **Água potável**
  www.wssinfo.org/
  (em inglês)

- **Aquecimento global**
  www.ipcc.ch/
  (em inglês)

- **Conflitos internacionais**
  www.worldwater.org
  (em inglês)

- **Desertificação**
  www.unccd.int/
  (em inglês)

Brasil, Senhor das Águas

7

ABUNDÂNCIA E ESCASSEZ

REGIÕES HIDROGRÁFICAS

OUTRAS ÁGUAS

AGENDA

CAPÍTULO 7 – BRASIL, SENHOR DAS ÁGUAS

Abundância e escassez

"Aguas são muitas; infindas. E em tal maneira é graciosa que, querendo-a aproveitar [a terra], dar-se-á nela tudo, por bem das águas que tem." Em 1500, Pero Vaz de Caminha já registrava na carta ao rei dom Manuel que poucas terras têm mais e melhores águas que a brasileira.

Quando se trata de água, tudo no Brasil é superlativo. Temos, na Amazônia, a maior bacia hidrográfica do mundo; no Pantanal, uma das maiores áreas úmidas do globo; no Aquífero Guarani, um verdadeiro mar subterrâneo com poucos rivais em outros países.

A importância dos recursos hídricos para a vida do país é tanta que é difícil imaginar um contexto em que eles não estejam presentes. Além de abastecer a agricultura e a indústria, matar a sede da gente e dos animais e diluir os esgotos – suas funções mais óbvias –, a água transporta, gera energia e atrai turistas.

Pelos rios circulam 23 milhões de toneladas de carga por ano. Existem, hoje, 28.834 quilômetros de vias navegáveis, das quais somente 8.500 quilômetros são navegáveis de fato durante todo o ano. A maior parte dessa rede está na bacia Amazônica (5,7 mil quilômetros) – onde o acesso por via terrestre é bem difícil –, seguida pelas bacias do Paraguai, Tocantins, Paraná e São Francisco.

A água no Brasil também é força: em 2009, as usinas hidrelétricas foram responsáveis por 77% da oferta de energia elétrica no país.

A água é ainda turismo: o Brasil recebeu em 2009 mais de 4 milhões de visitantes estrangeiros, muitos deles interessados em pescar no rio Araguaia, conhecer o Amazonas, desfrutar da beleza da Foz do Iguaçu e aproveitar o sol do litoral.

Para o turismo interno, rios e praias também são fundamentais. O litoral paulista ilustra bem isto. Durante as férias de verão, cerca de 2,2 milhões de pessoas visitam as praias da Baixada Santista, cuja população fixa é inferior: são apenas 1,6 milhão de habitantes. Esse fenômeno sazonal exerce grande pressão sobre os ambientes naturais, que passam a receber uma quantidade de esgotos pelo menos três vezes maior.

Por fim, é importante lembrar que parte das proteínas consumidas no país tem sua origem na água. A pesca

CAPÍTULO 7 — BRASIL, SENHOR DAS ÁGUAS

comercial produz 1 milhão de toneladas de pescado (peixes, moluscos e crustáceos) por ano, dos quais 453 mil são retirados das chamadas águas continentais, como rios e lagos.

Administrar um recurso tão versátil e indispensável não é simples. A maioria dos problemas associados à água em escala mundial se reproduz no Brasil. Resolvê-los com fórmulas adaptadas às diferentes realidades e ambientes encontrados no território nacional é o grande desafio.

Ouro transparente

Um décimo de toda a água do planeta está no Brasil, mas sua distribuição é bastante irregular. Cerca de 80% de nossos recursos hídricos estão na Amazônia, uma regiã de baixa densidade demográfica (2,31 hab/km^2), onde vivem aproximadamente 5% dos brasileiros. Um morador desta região tem acesso a 553 mil metros cúbicos de água por ano, enquanto quem mora no semiárido da região do São Francisco, no nordeste brasileiro, só pode consumir anualmente 450 metros cúbicos.

A disponibilidade *per capita* também é pequena em regiões que têm água abundante mas são superpopulosas. É o caso da bacia do rio Tietê, que corta a cidade de São Paulo, onde há apenas 810 metros cúbicos por ano para cada habitante.

Na maior parte do território nacional – 90% – chove bastante, entre mil e 3 mil milímetros por ano. A exceção é o semiárido nordestino, onde períodos de três ou quatro meses de boa chuva são seguidos por até nove de estiagem. Como consequência muitos rios do Nordeste ficam secos durante parte do ano. Ali, é essencial construir açudes, barragens e outras estruturas que armazenem água para manter a agricultura e a população.

O enorme volume de chuvas que cai sobre o Brasil alimenta um dos maiores conjuntos hidrográficos do mundo. São mais de 55 mil quilômetros de rios, capazes de arrastar 5.600 quilômetros cúbicos de água por ano.

Regiões hidrográficas

Para administrar os recursos hídricos brasileiros, o governo federal dividiu o país em 12 regiões hidrográficas – uma bacia ou grupo de bacias próximas em que o rio principal flui até o oceano ou um país vizinho: Amazônica, Atlântico Leste, Atlântico Nordeste Oriental, São Francisco, Parnaíba, Atlântico Nordeste Ocidental, Paraguai, Paraná, Atlântico Sul, Atlântico Sudeste, Tocantins/Araguaia e Uruguai.

Regiões hidrográficas	Área (km²)	Vazão média (m³/s)
Amazônica	3.869.953	132.145
Atlântico Leste	388.160	1.484
Atlântico Nordeste Oriental	286.802	774
São Francisco	638.576	2.846
Parnaíba	333.056	767
Atlântico Nordeste Ocidental	286.802	774
Paraguai	363.446	2.356
Paraná	879.873	11.414
Atlântico Sul	187.552	4.055
Atlântico Sudeste	214.629	3.162
Tocantins/Araguaia	921.921	11.306
Uruguai	174.533	4.103
BRASIL	8.532.802	179.516

Fonte: ANA, Conjuntura de recursos hídricos 2009

Região Hidrográfica Amazônica

A área desta região corresponde a 45% do território nacional e inclui sete Estados – Acre, Amazonas, Rondônia, Roraima, Amapá, Pará e Mato Grosso. Uma das principais bacias da região é a do rio Amazonas, grandioso em todos os seus aspectos: é o maior rio do mundo em extensão (segundo estudo de 2008 do Instituto Nacional de Pesquisas Espaciais, tem 6.992,06 quilômetros, sendo pouco maior que o Nilo, no Egito. Sua vazão média na foz, ou seja, o volume de água que seus diversos braços e afluentes despejam, é de aproximadamente 209 milhões de litros por segundo. Esse número varia conforme o trecho, porque a velocidade da correnteza pode variar – mas é sempre gigantesco. Há estimativas de que, a cada dia, o Amazonas deposite uma média de 3 milhões de toneladas de sedimen-

CAPÍTULO 7 – BRASIL, SENHOR DAS ÁGUAS

tos nas imediações do ponto onde desemboca no Atlântico – tanto que a concentração de sal e a cor do oceano ficam alterados por uma distância de até 320 quilômetros da boca do rio.

Vários rios nascidos das neves eternas dos Andes se juntam para dar origem, no Peru, ao rio Marañón, que se converte no Amazonas após mais algumas contribuições. Dos Andes à foz, em Belém (PA), o Amazonas percorre um enorme caminho, passando pela Venezuela, Guiana, Equador, Bolívia e Colômbia. Antes de desaguar no oceano Atlântico, divide-se numa multiplicidade de braços, que formam um labirinto de ilhas; a maior é a de Marajó. Entre o Peru e Belém, o Amazonas recebe centenas de afluentes, vários deles com mais de 1.600 quilômetros, como o Madeira e o Negro.

Nesta gigantesca planície tropical, chuvas pesadas caem diariamente, com mais força entre janeiro e junho, o que faz variar o fluxo dos rios. A precipitação média anual da região Amazônica é em torno de 2.205 mm, enquanto a média nacional é de 1.761 mm. Nos meses de maior pluviosidade, amplas áreas são inundadas, e o Amazonas, que costuma ter entre 1,6 e 13 quilômetros de largura, chega a ficar com 48 quilômetros ou mais em alguns trechos. Multiplicam-se, então, os igarapés, pequenos canais naturais, navegáveis por canoas.

O Amazonas também se notabiliza por um fenômeno raro: a pororo-

> **Vazão**
>
> É o volume de água que passa por um ponto do rio em determinada unidade de tempo – por segundo ou minuto, por exemplo. A vazão pode variar muito ao longo de um mesmo rio. Isso ocorre devido a estreitamentos ou alargamentos, inclinações no terreno ou acúmulo de sedimentos.

ca. Quando é fase de lua cheia ou nova, o encontro da maré oceânica com as correntes fluviais forma enormes ondas de até cinco metros de altura, capazes de percorrer até 650 quilômetros rio adentro, a velocidades que chegam a 65 quilômetros por hora.

Também é famosa a diversidade dos seus ecossistemas – matas de terra firme, florestas inundadas, várzeas, igapós, campos abertos e cerrados – e das espécies vegetais e animais que ali vivem. Foram descritas pelo menos 1,5 milhão de espécies vegetais, 3 mil de peixes e 850 de pássaros – uma fração mínima do que realmente existe.

Em contraste, a densidade populacional na região hidrográfica Amazônica é baixa. Há apenas 2,31 habitante por quilômetro quadrado. Sua população – dez vezes menos do que a média nacional.

Relativamente intocada até os anos 1970, a Amazônia tem visto crescer o desmatamento e os incêndios florestais. Até 1978, a área desflorestada não passava de 85 mil quilômetros quadrados. Nas décadas seguintes, porém, o ritmo da derrubada se acelerou. Em 1999, a área desmatada já era cinco vezes maior.

A água também tem sofrido com atividades econômicas predatórias. Alguns rios da bacia estão bastante contaminados por atividades de mineração, sobretudo o Madeira, Tapajós, Amaná, Juruena e Teles Pires.

Região Hidrográfica do Atlântico Leste

Grande parte dos 388,160 quilômetros quadrados da região está situada no semiárido nordestino, abrangendo os estados da Bahia, Minas Gerais, Sergipe e Espírito Santo. Suas bacias costeiras são marcadas pela pequena extensão e vazão dos corpos d'água. Outra característica é a de apresentar períodos críticos devido à estiagem.

O total da população da região é de cerca de 15,1 milhões de habitantes, dos quais a maioria vive em áreas urbanas. O consumo humano de água corresponde 30% do total da demanda das bacias. Outro importante uso dos recursos hídricos é na irrigação (46% do total). Em terceiro lugar, vem o uso industrial (10%), seguido pela demanda animal (9%).

Um percentual alto da população urbana dispõe de água encanada (97%). No entanto, esse índice não se repete no serviço de coleta de esgoto: só 35,6% dos habitantes são atendidos pela rede coletora.

Região Hidrográfica do Atlântico Nordeste Oriental

São os rios Jaguaribe, Pardo e Jequitinhonha, entre outros cursos d'água menores, que formam esta bacia, abastecendo regiões do Piauí, Ceará, Rio Grande do Norte, Paraíba, e Pernambuco, de forma a abranger cinco capitais nordestinas. Isso significa atender a aproximadamente 23,4 milhões de habitantes que vivem em uma área de 286.802 quilômetros quadrados. A densidade populacional é alta: 81,1 habitantes dos quilômetro quadrado. Um dos problemas desta região é que quase totalidade de sua área sofre prolongados períodos de estiagem. O índice de precipitação média anual é de 1.052 mm, o que resulta em rios marcados pela sazonalidade – curtos e pouco caudalosos, eles secam durante parte do ano. Segundo relatório da ANA, nesta região a relação entre demanda total e disponibilidade hídrica é uma das mais dramáticas dos país: 74% das extensões dos rios foram classificadas como situação crítica ou muito crítica.

Região Hidrográfica do São Francisco

"Rio é só o São Francisco, o Rio do Chico. O resto pequeno é vereda. E al-

CAPÍTULO 7 — BRASIL, SENHOR DAS ÁGUAS

gum ribeirão." Riobaldo Tatarana, personagem de Guimarães Rosa em *Grande sertão: veredas*, explicava assim a nomenclatura dos rios do sertão. Entre sertanejos, o Velho Chico é único a merecer o nobre título de rio. O próprio apelido já atesta a intimidade com que os brasileiros – não só os que habitam a região – tratam o São Francisco, que leva grande volume de água para o semiárido nordestino, região sujeita a extensos períodos de secas. A Região Hidrográfica do São Francisco ocupa uma área de 638.576 mil quilômetros quadrados, distribuídos em mais de 500 municípios, e tem uma descarga (vazão) média de 2.846 metros cúbicos por segundo.

O São Francisco percorre 2.700 quilômetros, da serra da Canastra, em Minas Gerais, até o Atlântico, na divisa entre Alagoas e Sergipe. Sua bacia ocupa territórios da Bahia, Pernambuco, Goiás e Distrito Federal. Nesse trajeto, atravessa a mata atlântica, o cerrado, a caatinga e o litoral.

É uma região que se destaca pela relativa pobreza em águas subterrâneas, o que contrasta com a abundância de recursos minerais: nas proximidades do Alto Rio das Velhas estão quase todas as reservas brasileiras de cádmio, diamantes, além de mais de 65% das reservas de zinco, enxofre e chumbo. A região é também bastante sujeita à erosão: uma área correspondente a quase 13% da bacia perde até 10 toneladas por hectare a cada ano – limite máximo aceitável para solos tropicais.

O São Francisco tem 168 afluentes. Desses, 99 são perenes e 69, intermitentes – ou seja, estes últimos ficam secos durante parte do ano. Entretanto, quando há chuva excessiva, muitas vezes os rios da bacia provocam inundações, principalmente na Grande Belo Horizonte, Divinópolis e Pirapora, entre outras cidades. Aproximadamente 13,9 milhões de pessoas vivem nessa bacia, mas a agricultura é, de longe, a maior consumidora de água: a demanda da irrigação é de 123,3 metros cúbicos por segundo, o que corresponde a 68% da demanda da região. Isso porque na bacia do São Francisco há 513.599 hectares de áreas irrigadas – cerca de 11% do total nacional. O restante da demanda da região é distribuída entre urbana (15%), industrial (10%), animal (5%) e rural (5%).

Região Hidrográfica do Parnaíba

Depois do São Francisco, o rio Parnaíba é o mais importante do Nordeste, fonte de vida para uma das regiões mais pobres do país. Sua bacia cobre 333.056 quilômetros quadrados – todo o Piauí e parte dos estados do Maranhão e do Ceará. São extensões semiáridas e pouco populosas.

A pobreza se mostra sob todos os pontos de vista: do PIB (Produto Interno Bruto, soma de todas as riquezas

Transposição do Velho Chico

O projeto de desviar parte das suas águas para alimentar rios e açudes nordestinos nas estiagens, para que eles se tornem perenes – ou seja, para que não sequem –, causa polêmica não é de hoje. Ele é defendido pelos estados beneficiados – Paraíba, Rio Grande do Norte e Ceará – e combatido por Minas Gerais, Bahia, Alagoas e Sergipe. Os críticos questionam o destino que se dará à água transposta; também temem que falte água para alimentar a obra ou que esta cause um grande impacto ambiental. A ideia, contudo, não é nova. A primeira vez que se falou na transposição do São Francisco foi durante o reinado de dom Pedro II. Engenheiros contratados pelo imperador propuseram desviar o rio na divisa entre Pernambuco e Bahia, mas a pouca tecnologia disponível na época acabou inviabilizando o projeto, substituído pela construção do açude de Cedro, no Ceará. Nos anos 1950 o projeto chegou a ser cogitado, mas não prosperou. Em 1983, o então ministro do Interior, Mário Andreazza, retomou a proposta, mas ela acabou arquivada. Dez anos depois, o ministro Aloísio Alves, seu sucessor, nascido no Rio Grande do Norte, reabriu o debate e propôs retirar até 150 metros cúbicos por segundo do São Francisco, a partir de Cabrobó, em Pernambuco. O estudo acabou sendo arquivado por inconsistência técnica.

No governo de Fernando Henrique Cardoso (1994-2002) o polêmico projeto foi, mais uma vez, ressuscitado. Na versão apresentada pelo então ministro da Integração Nacional, Fernando Bezerra, seriam construídos 200 quilômetros de canais artificiais para perenizar 2 mil quilômetros de rios, a um custo de 1 bilhão de dólares. A discussão voltou a se acalmar durante a crise energética de 2001 – quando o baixíssimo nível de diversos rios, inclusive do São Francisco, comprometeu a geração hidrelétrica. No governo Lula (2003-2010), a transposição do Velho Chico voltou para agenda nacional por meio do Ministério da Integração Nacional. O projeto orçado em mais de 5 bilhões de reais prevê a construção de canais para melhorar a oferta de água na região nordestina até 2025.

produzidas num país), da mortalidade infantil, do IDH (Índice de Desenvolvimento Humano, calculado a partir dos níveis de expectativa de vida, escolaridade, PIB *per capita* e poder de compra da população). A oferta de serviços de coleta e tratamento de esgotos reflete a situação econômica, e está entre as menores do Brasil — o índice da população atendida pela rede coletora de esgoto é de 6,4%.

A pobreza da região relaciona-se à crônica falta de água: a vazão média da bacia é de 767 metros cúbicos por segundo, correspondendo a menos de 0,5% da média do país. Além disso, as águas superficiais da bacia são mal distribuídas; todos os tributários da margem direita do Parnaíba – Canindé, Piauí, Poti etc. – são rios temporários.

Em contraste com os parcos recursos de águas superficiais, o subsolo da região é riquíssimo em recursos hídricos e, se explorado de maneira sustentável, representa uma possibilidade de desenvolvimento. Ali está localizado o

CAPÍTULO 7 – BRASIL, SENHOR DAS ÁGUAS

Aquífero Maranhão, considerado o de maior potencial do Nordeste. Ele ocupa 550 mil quilômetros quadrados e as suas reservas – 13 bilhões de metros cúbicos por ano – correspondem a 85% da demanda atual de água de todo o Nordeste. Exemplo de sua abundância é o vale da Gurgueia, no sul do Piauí, onde a água jorra dos poços perfurados como se fosse petróleo – o jato chega a subir dezenas de metros. Mas o controle da exploração dos lençóis freáticos ainda é precário.

Região Hidrográfica do Atlântico Nordeste Ocidental

Esta região é formada pelas sub-bacias dos rios Gurupi, Mearim, Itapecuru e Munim e ocupa, basicamente, o Maranhão e pequenas porções do Pará. São 274.301 quilômetros quadrados em meio a mangues e florestas equatoriais, onde vivem 5,8 milhões de pessoas.

Os dados socioeconômicos da região se casam com os do estado do Maranhão, onde ela está quase que totalmente inserida. O IDH e o PIB *per capita* são baixos, a mortalidade infantil é alta. Os dados de saneamento básico acompanham esses indicadores: o índice de atendimento urbano de água é de 75,5%, abaixo da média nacional (89,4%), e percentual da população urbana servida pela coleta de esgoto é de apenas 15,3%, enquanto a média nacional é de 47,4%. A precariedade acarreta o principal problema com os recursos hídricos da bacia, ou seja, o lançamento de esgotos não tratados na região metropolitana de São Luís.

A bacia tem uma vazão média de 2.608 metros cúbicos por segundo. A maior parte do consumo se destina ao abastecimento humano, algo raro no resto do país e do planeta. A demanda das residências urbanas é de 43% do total. Em seguida, vem a demanda animal (21%) e de irrigação (17%). Trata-se de uma vazão constante, pois essa não é uma região especialmente sujeita a secas – salvo quando ocorrem estiagens históricas e particularmente prolongadas, como no período de 1979 a 1983.

Região Hidrográfica do Paraguai

O rio Paraguai é brasileiro de nascimento, mas transita livremente por outros países: origina-se na Chapada dos Parecis, em Mato Grosso, mas 67% de sua bacia – de 1,09 milhão de quilômetros quadrados – localiza-se na Argentina, Bolívia e Paraguai. Em sua porção brasileira, tem 363.446 quilômetros quadrados e abrange os estados de Mato Grosso e Mato Grosso do Sul. Seus principais afluentes são os rios Cuiabá, São Lourenço, Taquari, Miranda e Negro. Cerca de 2 milhões de brasileiros vivem na bacia, a maior parte em cidades como Cuiabá (MT) ou Corumbá (MS).

CAPÍTULO 7 – BRASIL, SENHOR DAS ÁGUAS

Pantanal

A bacia do Paraguai é indissociável do Pantanal Mato-Grossense, uma das maiores áreas úmidas do planeta, declarada em 2001 Reserva da Biosfera pela Unesco, entidade ligada à ONU. Trata-se de uma gigantesca planície de inundação (um total de 365 mil quilômetros quadrados) que, além do estado do Mato Grosso do Sul, se estende pela Bolívia e pelo Paraguai, onde é conhecido como Chaco.

A variedade biológica do Pantanal é imensa e inclui pelo menos uma centena de espécies de mamíferos, 177 de répteis e 40 de anfíbios. Uma das maiores ameaças a esse rico e frágil ecossistema é a expansão da cultura da soja, que avançou rapidamente na última década, tomando espaço da pecuária extensiva, tradicional na região, e avançando sobre as áreas ainda preservadas.

Desde os anos 1970, a expansão do gado e da soja aumentou o desmatamento e a erosão na região, dominada por cerrados e pelo Pantanal Mato-grossense. Vários rios da região, como o Taquari e o São Lourenço, têm alta capacidade de transporte de sedimentos. Estes acabaram depositados no Pantanal, promovendo o assoreamento e a formação de bancos de areia. Isso mudou o curso dos rios e ampliou os períodos de inundação no Pantanal, dificultando a agricultura e o transporte fluvial. Outro problema específico dessa bacia é que a grande retirada de água do rio Miranda para a irrigação tem promovido conflitos de interesses entre agricultores e pescadores.

Com relação aos indicadores de saneamento básico, o percentual do atendimento de rede de esgoto é bem abaixo da média nacional. Na região, apenas 19,7% da população urbana é atendida. No país, é 47,4%. Outro problema é a contaminação das águas e sedimentos dos rios pelo mercúrio oriundo do garimpo de ouro, sobretudo em Mato Grosso, e pelos pesticidas utilizados nas lavouras da região.

Região Hidrográfica do Paraná

É o preço – evitável, mas comum – do progresso: a área de maior desenvolvimento econômico do país está na bacia do Paraná, e isso se reflete no nível de contaminação e no alto consumo de água. Ela responde por mais da metade do PIB brasileiro, por 32% da população nacional (61 milhões de pessoas) e um consumo de 492,7 metros cúbicos por segundo, o que representa 27% do total do país.

Seus 879,8 mil quilômetros quadrados estão distribuídos pelos estados de São Paulo, Paraná, Mato Grosso do Sul, Minas Gerais, Goiás, Santa Catarina e Distrito Federal. Esse espaço inclui a cidade mais populosa da América do Sul, São Paulo, com 11 milhões de habitantes, além de ou-

CAPÍTULO 7 — BRASIL, SENHOR DAS ÁGUAS

tras cidades de porte, como Brasília, Curitiba, Goiânia e Campinas.

A paisagem varia bastante ao longo da bacia: em meio às cidades, ainda sobrevivem remanescentes de cerrado, mata atlântica e mata de araucária, principalmente.

A disponibilidade de água tratada, de coleta e tratamento de esgotos também é muito variável: apenas 24 % das residências urbanas são ligadas à rede coletora de esgotos em Mato Grosso do Sul, contra 96,8% no Distrito Federal. No geral, esta é a bacia que sofre o maior impacto da poluição produzida pelas residências e indústrias, dada a concentração populacional, agrícola e industrial. Os racionamentos de distribuição de água são bastante comuns, principalmente em São Paulo, devido ao aumento da demanda e à falta de mananciais de boa qualidade.

Essas circunstâncias têm multiplicado os conflitos pelo uso dos recursos hídricos. As disputas são especialmente importantes na sub-bacia do rio Piracicaba, cuja água é desviada para o abastecimento da Grande São Paulo, a mais de 100 quilômetros de distância, reduzindo o volume disponível para as cidades da região. As bacias do Baixo Pardo e do Mogi também registram a briga entre as cidades, que precisam de água para o consumo doméstico, e as usinas de açúcar e álcool, que a utilizam com fins industriais.

Além de abastecer as cidades, as fábricas e o campo, a água dessa bacia também é empregada na geração de energia elétrica e no transporte hidroviário. Ali está uma das principais hidrovias brasileiras, a Tietê–Paraná, que liga 220 municípios, num total de 2.400 quilômetros, e permite o escoamento de produtos rumo ao Mercosul. Nessa região também está a maior capacidade instalada de geração hidrelétrica do país. As maiores centrais estão localizadas nesta região, cujas usinas têm um potencial aproveitado de 46.806 megawatts, correspondendo a 58% do total instalado no país. Dentre elas, estão as hidrelétricas de Itaipu (PR), Furnas (MG) e Porto Primavera (SP). Apesar de tamanha infraestrutura, o alto consumo da região a obriga a importar energia produzida em outras localidades.

Região Hidrográfica do Atlântico Sul

Importante pela sua grande concentração populacional e seu desenvolvimento econômico, esta região vai do extremo sul de São Paulo até o arroio Chuí, na fronteira com o Uruguai, passando por todos os estados do Sul, num total de 187,552 mil quilômetros quadrados. É coberta por umas poucas manchas remanescentes de mata atlântica e tem também alguns campos de planalto.

Cerca de 13 milhões de pessoas vivem na área desta região, que inclui cidades importantes, como Paranaguá (PR), Joinville e Florianópolis (SC), Pelotas e Porto Alegre (RS). É a região que apresenta os melhores indicadores sociais do país, tanto nas taxas de mortalidade infantil como no PIB *per capita* ou no IDH.

A oferta de serviços de saneamento básico é, em parte, compatível com a qualidade de vida. A região apresenta bom índice de acesso à água encanada: 91,4% da população urbana é atendida por este serviço. Em compensação, a coleta de esgotos está bem abaixo das médias nacionais (exceto em São Paulo): só 26,9% dos domicílios urbanos são atendidos. Os rios da bacia têm uma vazão média anual de 4.055 metros cúbicos por segundo. Já a demanda de retirada é de 275,3 metros cúbicos por segundo. A irrigação é responsável por 68% do consumo total, sobretudo nos arrozais de Santa Catarina e do Rio Grande do Sul. Já a indústria, que consome 17% do total, está concentrada na produção de têxteis, produtos eletrônicos e carvão. A região tem, aliás, 90% das reservas nacionais de carvão, concentradas nas bacias dos rios Tubarão e Araranguá, em Santa Catarina, e no Rio Grande do Sul.

A poluição pelo despejo de esgotos e efluentes industriais não tratados é particularmente grave nas sub-bacias dos rios Itajaí e Guaíba – nas cidades de Joinville (SC), da Grande Porto Alegre e Pelotas (RS), além dos vales dos Sinos e do Gravataí.

Região Hidrográfica do Atlântico Sudeste

Ao mesmo tempo que tem uma das maiores demandas hídricas do país, também tem uma das menores disponibilidades relativas. É esta a situação da região hidrográfica do Atlântico Sudeste, que ocupa os litorais paulista e fluminense e um trecho de Minas Gerais, e é importantíssima por sua alta concentração populacional e seu grande desenvolvimento econômico. A demanda total na região é de 191,8 metros cúbicos por segundo de vazão de retirada. O maior consumo é para abastecimento urbano (49%). Em seguida, predominam os usos para irrigação (26%) e industrial (20%).

Nos 214,6 mil quilômetros quadrados dessa região vivem 27,4 milhões de pessoas, representando cerca de 15% do total nacional. Cerca de 10 milhões habitam a Região Metropolitana do Rio de Janeiro, que registra uma demanda de 62,5 metros cúbicos por segundo. Para garantir o abastecimento de água no estado até 2010, o governo do Rio deve investir 3,6 bilhões de reais nos próximos anos, de acordo com dados do Atlas de Abastecimento Urbano de Água divulgado pela ANA em 2009.

O estudo também revela que é preciso cuidar melhor da qualidade dos cursos d'água, que sofrem com a poluição. Existem alguns milhares de

CAPÍTULO 7 — BRASIL, SENHOR DAS ÁGUAS

indústrias nas bacias dos dois principais rios dessa bacia hidrográfica, o rio Doce, em Minas Gerais, e o Paraíba do Sul, que se estende entre São Paulo, Rio de Janeiro e Minas Gerais. A industrialização é particularmente evidente nas cidades paulistas de Jacareí e Taubaté, e em Resende e Volta Redonda, no estado do Rio. Sozinha, a bacia do Paraíba do Sul.

Um dos principais problemas associados aos recursos hídricos da região é a ocupação irregular de encostas, áreas ribeirinhas e de mananciais, estimulada pela especulação imobiliária, que fez com que sobrassem pouquíssimos trechos de vegetação ciliar ao longo dos rios da região. Em consequência, a erosão arrasta sedimentos para a água, resultando em assoreamento e em inundações, comuns nas bacias dos rios Doce e Ribeira do Iguape (SP). São famosas as enchentes que praticamente todos os anos invadem as ruas de Registro e Eldorado, no vale do Ribeira, comprometendo também a produção agrícola.

Nesta região hidrográfica, 79,7% da população urbana é atendida pelo abastecimento de água, percentual abaixo da média nacional. Isso faz com que o Atlântico Sudeste figure na lista das quatro regiões com piores índices de atendimento de água no país, junto de Tocantins/Araguaia, Amazônica e Atlântico Nordeste Ocidental. Por outro lado, a região registra o segundo melhor índice de coleta de esgotos do país: o atendimento chega a 51,3% dos domicílios. O percentual maior deste serviço é da Região Hidrográfica do Paraná.

Região Hidrográfica do Tocantins/Araguaia

Uma das últimas fronteiras agrícolas do país, esta bacia cobre uma área de 921,9 mil quilômetros quadrados nos estados de Goiás, Tocantins, Pará, Maranhão e Mato Grosso e no Distrito Federal. Vivem ali cerca de 8 milhões de pessoas. Os rios Araguaia e Tocantins transbordam com frequência, assim como seus afluentes.

A bacia inclui trechos de floresta amazônica e de cerrado, ambientes naturais que foram bastante desmatados desde a década de 1970, com a construção da rodovia Belém-Brasília e da hidrelétrica de Tucuruí, bem como com a expansão das atividades madeireiras, agropecuárias e de mineração. A região responde pela metade da produção nacional de ouro – vindo, sobretudo, de Carajás, no Pará – e tem as maiores reservas de cobre, níquel, bauxita, ferro e manganês do país. De todas essas atividades, a irrigação de frutas e grãos é a que consome mais recursos hídricos: 42% do total. Já a demanda animal corresponde a 29%, seguida das demandas urbana (19%) e industrial (7%).

Uma atividade econômica da região, em particular, exige água de boa qualidade: a pesca esportiva. As 300 espécies de peixes da bacia têm atraído cada vez mais pescadores ao rio Araguaia e adjacências.

A água também é importante para as inúmeras hidrelétricas da bacia, como a de Tucuruí, que fornece quase toda a energia consumida no Pará e no Maranhão.

Esta é uma região de muitas disparidades no saneamento básico O nível de abastecimento de água vai de 49,1% no Pará a 95,3%, no Distrito Federal. Os percentuais de coleta de esgotos urbanos variam entre 32,1% no Tocantins, e 96,8%, no Distrito Federal. Os índices gerais da região são bem menores que os nacionais: 72,7% no atendimento urbano de água (o pior indicador por região do país) e 7,7% no atendimento na coleta de esgoto.

Região Hidrográfica do Uruguai

A agroindústria e a geração hidrelétrica são a grande marca dessa região, que tem alguns dos melhores indicadores de qualidade de vida do país, como taxa de mortalidade infantil e o PIB *per capita*.

Nos seus 2.200 quilômetros, o rio Uruguai percorre os estados do Rio Grande do Sul e Santa Catarina, além de Uruguai e Argentina. Sua região tem 174,5 mil quilômetros quadrados em território brasileiro e outro tanto nos países vizinhos. Dentre seus principais rios estão Canoas, Pelotas, Peixe e Chapecó.

A população total da região é de 4 milhões de habitantes, 70% dos quais em áreas urbanas. Nas cidades, é alta a parcela de casas abastecidas com água tratada – 92,1%, índice maior que a média brasileira. No entanto, os serviços de coleta de esgoto só chegam a 9,5% da população urbana, bem abaixo da média nacional. A porcentagem de esgoto tratado nesses estados também é menor do que a média do país. A Região Hidrográfica do Uruguai está entre as quatro piores com índices de atendimento de rede de esgoto.

No oeste catarinense, as águas são ainda contaminadas com frequência por resíduos descartados por abatedouros de porcos e aves, bem como por efluentes poluídos por agrotóxicos – provenientes, em geral, de plantações de arroz. A rizicultura, aliás, é uma cultura irrigada, e a irrigação é responsável por 83% do consumo hídrico da bacia. O restante da demanda está distribuída entre uso industrial (6%), humano (5%) e animal (5%). A mata de araucária e a mata atlântica são as paisagens naturais mais comuns da bacia, mas hoje estão bastante degradadas, facilitando a ocorrência de inundações muito comuns em todas as épocas do ano. Em contraste, alguns municípios locais sofrem racionamentos periódicos de distribuição de água, devido à irregularidade do volume disponível.

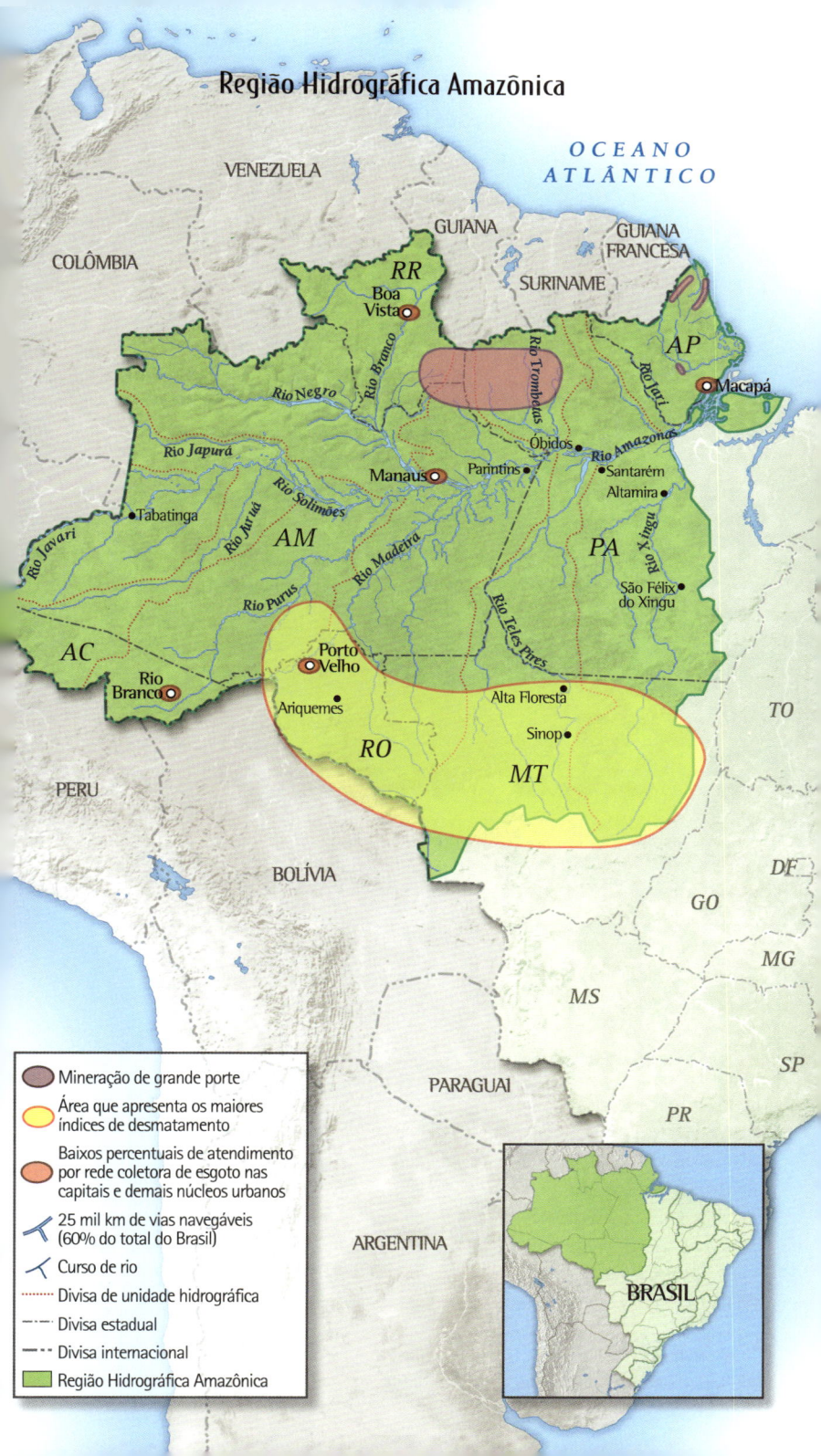

Região Hidrográfica Amazônica

Legenda:
- Mineração de grande porte
- Área que apresenta os maiores índices de desmatamento
- Baixos percentuais de atendimento por rede coletora de esgoto nas capitais e demais núcleos urbanos
- 25 mil km de vias navegáveis (60% do total do Brasil)
- Curso de rio
- Divisa de unidade hidrográfica
- Divisa estadual
- Divisa internacional
- Região Hidrográfica Amazônica

Países limítrofes: Venezuela, Guiana, Suriname, Guiana Francesa, Colômbia, Peru, Bolívia, Paraguai, Argentina

Estados: RR, AP, AM, PA, AC, RO, MT, TO, DF, GO, MG, MS, SP, PR

Rios: Rio Branco, Rio Negro, Rio Trombetas, Rio Jari, Rio Japurá, Rio Amazonas, Rio Juruá, Rio Solimões, Rio Javari, Rio Madeira, Rio Xingu, Rio Purus, Rio Teles Pires

Cidades: Boa Vista, Macapá, Óbidos, Parintins, Santarém, Manaus, Altamira, Tabatinga, São Félix do Xingu, Porto Velho, Rio Branco, Ariquemes, Alta Floresta, Sinop

Oceano Atlântico

BRASIL

Regiões Hidrográficas do Tocantins/Araguaia, do Atlântico Nordeste Ocidental e do Parnaíba

OCEANO ATLÂNTICO

Área de floresta tropical com risco de desmatamento

Área com potencial turístico (Delta do Parnaíba)

Belém
São Luís
Parnaíba
Urbano Santos
Tucuruí
MA
Codó
Represa de Tucuruí
Teresina
Marabá
Presidente Dutra
Imperatriz
Barra do Corda
PA
Rio Gurupi
Oeiras
Rio das Balsas
Rio Parnaíba
Araguaína
Balsas
PI
Rio Uruçuí Preto
Rio Gurguéia
Eliseu Martins
Rio Araguaia
Rio Tocantins
Palmas
TO
MT
BA
Serra da Mesa
Represa de Serra da Mesa
GO
DF
MG

MS
ES

Legenda

- Área de produção de alumínio
- Área em conflito de uso
- Água subterrânea
- Irrigação
- Lançamento de efluentes domésticos e industriais
- Usinas hidrelétricas
- ▲ Principais barragens
- Curso de rio
- Curso de rio temporário
- ..... Divisa de unidade hidrográfica
- — · — Divisa estadual
- — ·· — Divisa internacional
- Região Hidrográfica do Tocantins
- Região Hidrográfica Atlântico Nordeste Ocidental
- Região Hidrográfica do Parnaíba

BRASIL

RS
SC

Regiões Hidrográficas do Atlântico Nordeste Oriental e do Atlântico Leste

Legenda:
- Bacias com conflitos mais significativos
- Área de lançamento de efluentes e da indústria sucroalcooleira
- Lançamento de efluentes domésticos e industriais
- Usinas hidrelétricas
- Curso de rio
- Divisa de unidade hidrográfica
- Divisa estadual
- Divisa internacional
- Região Hidrográfica do Atlântico do Nordeste Oriental
- Região Hidrográfica do Atlântico Leste

Rios identificados: Rio Coreaú, Rio Jaguaribe, Rio Piranhas-Açu, Rio Vaza-Barris, Rio Itapicuru, Rio Paraguaçu, Rio Jequiriçá, Rio de Contas, Rio Pardo, Rio Jequitinhonha

Cidades: Fortaleza, Natal, João Pessoa, Recife, Maceió, Aracaju, Salvador

Usinas hidrelétricas: Pedra, Funil

Estados: MA, PI, CE, RN, PB, PE, AL, SE, BA, MG

OCEANO ATLÂNTICO

BRASIL

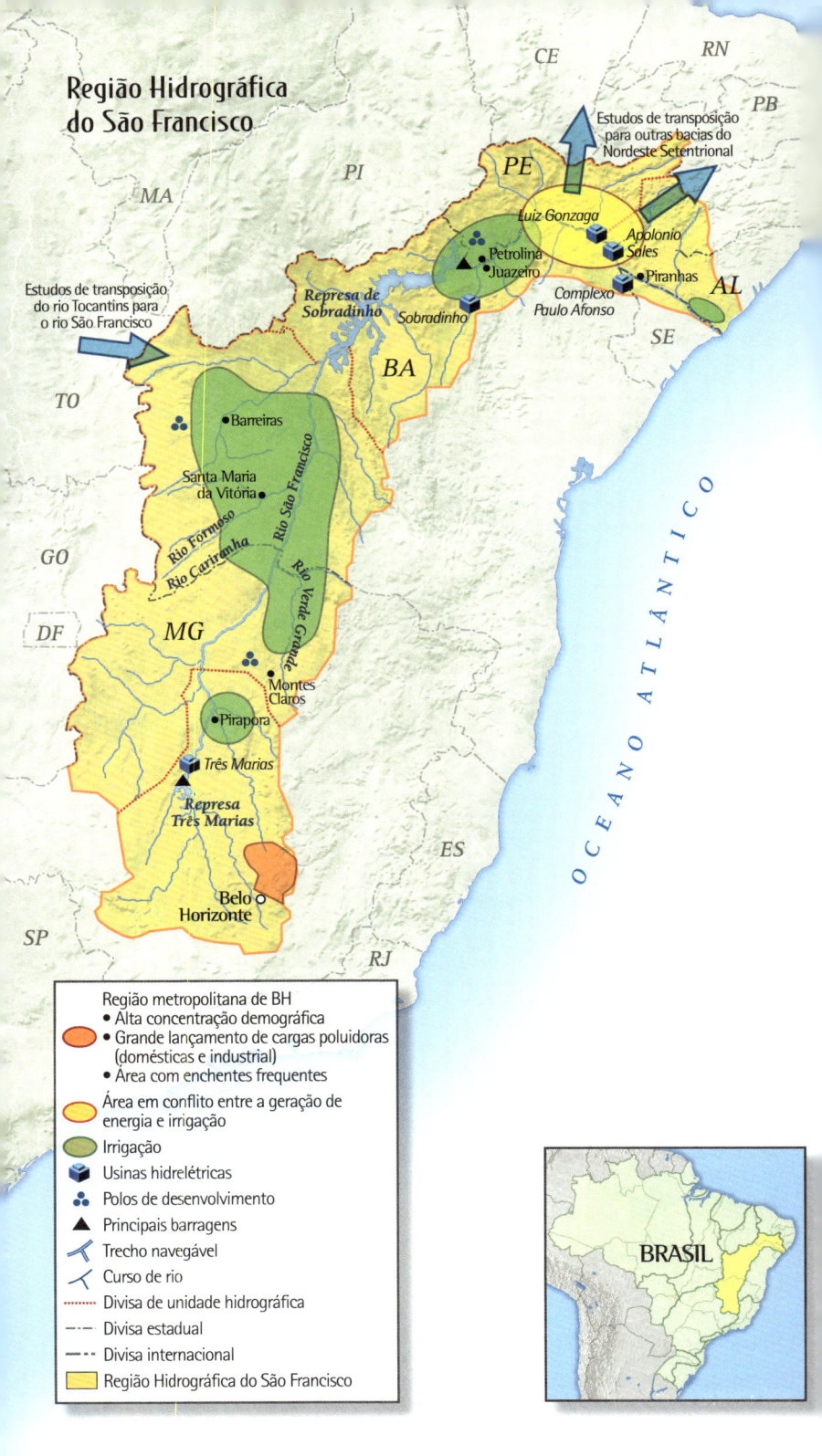

Região Hidrográfica do São Francisco

Estudos de transposição para outras bacias do Nordeste Setentrional

Estudos de transposição do rio Tocantins para o rio São Francisco

CE
RN
PB
PI
MA
PE
Luiz Gonzaga
Apolonio Sales
Petrolina
Juazeiro
Piranhas
Represa de Sobradinho
Sobradinho
Complexo Paulo Afonso
AL
SE
BA
TO
Barreiras
Santa Maria da Vitória
Rio Formoso
Rio Carinhanha
Rio São Francisco
Rio Verde Grande
GO
DF
MG
Montes Claros
Pirapora
Três Marias
Represa Três Marias
ES
Belo Horizonte
SP
RJ

OCEANO ATLÂNTICO

Legenda:
- Região metropolitana de BH
  - Alta concentração demográfica
  - Grande lançamento de cargas poluidoras (domésticas e industrial)
  - Área com enchentes frequentes
- Área em conflito entre a geração de energia e irrigação
- Irrigação
- Usinas hidrelétricas
- Polos de desenvolvimento
- Principais barragens
- Trecho navegável
- Curso de rio
- Divisa de unidade hidrográfica
- Divisa estadual
- Divisa internacional
- Região Hidrográfica do São Francisco

BRASIL

Região Hidrográfica Atlântico do Sudeste

Legenda:
- Áreas irrigadas
- Solos degradados
- Extração de areia
- Trecho sujeito a inundação
- Concentração urbana com grande lançamento de efluentes domésticos e industriais
- Transposição de bacia
- Erosão da linha de costa
- Principais barragens
- Curso de rio
- Divisa de unidade hidrográfica
- Divisa estadual
- Divisa internacional
- Região Hidrográfica do Atlântico Sudeste

Localidades e rios identificados no mapa:

- **MG:** Governador Valadares, Aimorés, Ipatinga, Santa Bárbara, Viçosa, Muriaé
- **ES:** Linhares, Colatina, Vitória, Cachoeiro de Itapemirim, Barra de Itabapoana
- **RJ:** Campos, Macaé, Cabo Frio, Rio de Janeiro, Barra do Pirai, Volta Redonda
- **SP:** Cachoeira Paulista, Pindamonhangaba, Jacareí, Santos, Registro

Rios: Rio Doce, Rio Itapemirim, Rio Muriaé, Rio Paraíba do Sul, Rio Pardo de Iguape

Estados vizinhos: DF, GO, BA

OCEANO ATLÂNTICO

BRASIL

Regiões Hidrográficas do Paraná e do Paraguai

Legenda:

- ◯ Conflito entre demanda industrial (usinas de cana-de-açúcar e álcool) e humana na região Baixo Pardo/Mogi
- ◯ Poluição hídrica e enchentes
- ◯ Concorrência entre irrigação e abastecimento
- ⬛ Usinas hidrelétricas
- Trecho navegável
- Curso de rio
- ····· Divisa de unidade hidrográfica
- —·— Divisa estadual
- —··— Divisa internacional
- Região Hidrográfica do Paraná
- Região Hidrográfica do Paraguai

Estados/Países identificados: TO, BA, DF, MT, GO, MS, MG, SP, PR, SC, RS, PARAGUAI, ARGENTINA

Rios: Rio Paraguai, Rio São Lourenço, Rio Taquari, Rio Negro, Rio Aquidauana, Rio Miranda, Rio Paranaíba, Rio Verde, Rio Tietê, Rio Ivinhema, Rio Paranapanema, Rio Piquiri, Rio Iguaçu

Cidades: Cuiabá, Cáceres, Rondonópolis, Coxim, Corumbá, Porto Murtinho, Campo Grande, Dourados, Porto Primavera, Londrina, Itaipu, Curitiba, Brasília, Goiânia, Itumbiara, Uberlândia, Uberaba, Ribeirão Preto, Campinas, São Paulo, São Simão, Ilha Solteira, Nova Avanhandava, Promissão, Ibitinga, Taquaruçu, Capivara, Salto Grande, Chavantes, Furnas, Água Vermelha

OCEANO ATLÂNTICO

BRASIL

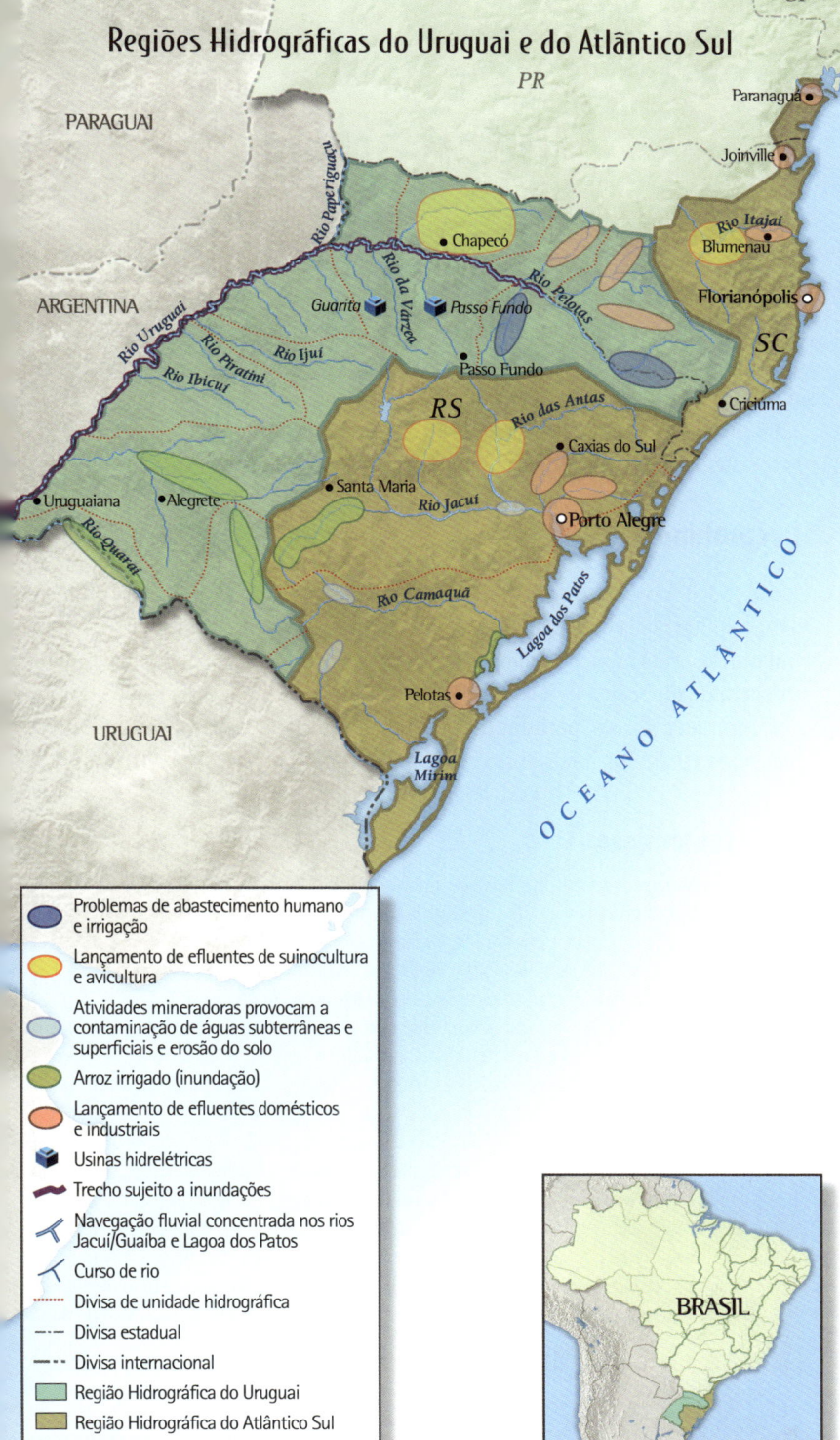

Regiões Hidrográficas do Uruguai e do Atlântico Sul

Legenda:

- Problemas de abastecimento humano e irrigação
- Lançamento de efluentes de suinocultura e avicultura
- Atividades mineradoras provocam a contaminação de águas subterrâneas e superficiais e erosão do solo
- Arroz irrigado (inundação)
- Lançamento de efluentes domésticos e industriais
- Usinas hidrelétricas
- Trecho sujeito a inundações
- Navegação fluvial concentrada nos rios Jacuí/Guaíba e Lagoa dos Patos
- Curso de rio
- Divisa de unidade hidrográfica
- Divisa estadual
- Divisa internacional
- Região Hidrográfica do Uruguai
- Região Hidrográfica do Atlântico Sul

Outras águas

Os rios estão longe de ser a única riqueza hídrica brasileira. O país tem alguns dos maiores estoques de águas subterrâneas do planeta, um litoral de 8.500 quilômetros e áreas alagadas, além de uma profusão de mangues – um dos ecossistemas mais ricos que existem.

Das profundezas

O Brasil possui um estoque de águas subterrâneas na casa dos 112 mil quilômetros cúbicos. Há uma estimativa de que cerca de 416 mil poços tubulares foram perfurados no país após 1958, dos quais aproximadamente 15% estão fora de serviço. Muitos poços são usados para abastecimento de indústrias, hospitais, condomínios, hotéis, que buscam autonomia em relação às empresas de saneamento básico e querem baratear os gastos com a água.

Um relatório produzido em 1997 pela Cetesb (Companhia de Tecnologia de Saneamento Ambiental), a agência ambiental paulista, mostrou que já naquela época 72% dos 645 municípios de São Paulo eram total ou parcialmente abastecidos por águas subterrâneas. Dentre essas cidades, 47% – inclusive algumas bastante importantes, como Catanduva, Caçapava e Ri-

Mar subterrâneo

O Aquífero Guarani é a maior reserva de águas subterrâneas da América do Sul, com poucos paralelos em outros continentes. Ele ocupa 1,19 milhão de quilômetros quadrados, a maior parte sob a bacia do rio Paraná. No Brasil, se estende pelas regiões Sul, Sudeste e Centro-Oeste, e também pelo território de três países vizinhos: Paraguai, Uruguai e Argentina. Na sua porção brasileira, mantém estoques estimados em 48 mil quilômetros cúbicos – uma água de excelente qualidade escondida sob algumas das maiores cidades brasileiras. Formado entre 200 e 132 milhões de anos atrás, o aquífero foi batizado assim pelo geólogo uruguaio Danilo Anton, numa homenagem ao povo indígena que dominou a região no passado. Para conseguir extrair água da sua porção confinada – ou seja, aquela que está presa, exercendo pressão no subsolo –, é necessário escavar poços de cerca de 1,5 quilômetro de profundidade. O esforço costuma compensar: eles oferecem até 700 metros cúbicos por hora. Devido à extensão continental do aquífero e por estar, na maior parte das vezes, escondido a uma grande profundidade, sua dinâmica ainda é pouco conhecida e seria necessário estudá-la melhor para que sua utilização seja mais racional. Por isso, os quatro países envolvidos têm feito uma série de estudos em conjunto.

CAPÍTULO 7 – BRASIL, SENHOR DAS ÁGUAS

beirão Preto – eram inteiramente abastecidas por água subterrânea. No resto do país, diversas cidades, como Mossoró e Natal (RN), Maceió (AL), Recife (PE) e Barreiras (BA), dependem predominantemente da água fornecida por poços.

Apesar de cara, a exploração de poços deverá aumentar muito nos próximos anos, dada a crescente escassez da água de boa qualidade. O problema é que o governo tem pouquíssimo controle sobre os poços abertos e a quantidade de água extraída deles.

Áreas úmidas

Pântanos, charcos e outras superfícies alagadas em terra firme compõem as chamadas áreas úmidas. Elas são importantes por serem muito produtivas do ponto de vista biológico e por ajudarem a regular o regime hídrico e o clima.

Essas áreas úmidas são tão relevantes que ganharam até uma convenção internacional própria, a Ramsar. Seu nome vem da cidade iraniana homônima, onde a convenção foi aprovada, em 1971.

O Brasil tem 11 áreas incluídas na chamada Lista Ramsar, num total de 6,56 milhões de hectares. São elas: Reserva de Desenvolvimento Sustentável Mamirauá (AM); Parque Nacional Marinho de Abrolhos (BA); Área de Proteção Ambiental da Baixada Maranhense (MA); Área de Proteção Ambiental das Reentrâncias Maranhenses (MA); Parque Estadual Marinho do Parcel de Manuel Luiz, incluindo os Baixios do Mestre Álvaro e do Tarol (MA); Parque Estadual do Rio Doce (MG); Parque Nacional do Pantanal Mato-Grossense (MT); Reserva Particular do Patrimônio Natural do Sesc Pantanal (MT); Reserva Particular do Patrimônio Nacional Fazenda Rio Negro (MS); Parque Nacional da Lagoa do Peixe (RS); Parque Nacional do Araguaia (TO). Na Lista Ramsar, o Brasil é o quarto país no *ranking* mundial de superfícies cobertas por este tipo de ambiente. A conservação das áreas úmidas depende do uso racional dos seus recursos, tendo em vista sua fragilidade e os serviços socioambientais que estas prestarão, se continuarem a existir.

Zona costeira

Metade da população brasileira vive a menos de 200 quilômetros do mar. Nada menos que 14 estados têm suas capitais à beira-mar. Não é de espantar, portanto, que as atividades econômicas desenvolvidas ao longo dos 8.500 quilômetros da costa representem cerca de 70% do PIB brasileiro.

Naturalmente, o mar sofre com isso. De acordo com um levantamento divulgado pelo Programa Nacional de Gerenciamento Costeiro em 1999, o litoral brasileiro recebe mais de 3 mil toneladas de poluentes líquidos todos os dias. Esse total inclui 130 toneladas diárias de carga industrial considerada particularmente tóxica, por incluir metais pesados e outros compostos químicos difíceis de degradar.

Uma das consequências mais óbvias dessa contaminação é que são cada vez mais numerosas as praias que se tornam impróprias para o banho em algumas épocas do ano. A poluição, aliada à pesca excessiva, também tem ajudado a reduzir os estoques de peixes marinhos. Resultado: o volume de pescado caiu 30% – de 1 milhão para 700 mil toneladas anuais entre 1980 e 1990. A exploração predatória também fez cair à metade a produção de lagostas – principal artigo pesqueiro de exportação brasileiro – ao longo da década de 1990.

Manguezais

Formações típicas dos litorais tropicais, os maguezais ocorrem na maior parte da costa do país, estendendo-se do Amapá, no extremo norte, até o sul de Santa Catarina; a maior concentração, porém, está nos estados litorâneos amazônicos. Normalmente, eles se formam no fundo de baías ou em estuários de rios, pois nesses lugares as correntes perdem velocidade, e os sedimentos ou detritos orgânicos acabam por se concentrar. Essa riqueza favorece a procriação de peixes, crustáceos e moluscos no local, e de uma vegetação adaptada a suas peculiares condições (os mangues, árvores cujo nome é popularmente confundido com o do próprio ambiente).

Protegidos por leis estaduais e federais, os 2,5 milhões de hectares de manguezais estão entre os ecossistemas de maior produtividade biológica. Neles não são permitidos aterros, desmatamentos ou outras formas de ocupação – o que não impede que tais práticas sejam muito comuns ao longo de toda a costa. A contaminação por derramamentos de petróleo – comum na baía de Guanabara –, a exploração imobiliária e a criação de camarões, que encontra nos mangues um ambiente ideal, também têm lesado esse ecossistema.

Disputa

Quem vê a abundância das águas do Amazonas ou do Araguaia pode pensar que os brasileiros – à exceção dos nordestinos – não têm com que se preocupar. Nada mais equivocado. Nas últimas três décadas, o crescimento demográfico e a expansão desordenada das cidades pressionaram os mananciais, causando escassez, contaminação e conflitos.

A procura por água de qualidade, cada vez mais rara, é recorrente na maior parte do país. Nas regiões Sul e Sudeste a água não é tão pouca, mas sua qualidade está decaindo e a demanda é enorme. O melhor exemplo é São Paulo. Hoje quase todas as fontes da região metropolitana estão po-

CAPÍTULO 7 — BRASIL, SENHOR DAS ÁGUAS

luídas, e a garantia de abastecimento é um dos grandes desafios dos governos. Por este motivo, já se estuda a importação de água de outras localidades, como do Vale do Ribeira, no interior paulista. Atualmente, a água que chega às torneiras dos paulistanos percorre mais de 100 quilômetros de tubulações. Outras regiões têm ainda menos águas superficiais disponíveis. É o caso das regiões hidrográficas do Parnaíba, São Francisco, Paraguai e Atlântica do Nordeste Oriental. Nelas, há frequentemente uma coincidência de baixos índices de pluviosidade – pode faltar chuva durante muitos anos – e elevada evaporação.

Poluição

Segundo estudo da Agência Nacional de Águas divulgado em 2009, cerca de 7% das águas do país são péssimas ou ruins, e 14% regulares. A poluição e o mau uso dos recursos transformaram a qualidade das águas de 21% dos rios do país. A ocupação desordenada do solo, o despejo de esgotos e resíduos industriais com pouco ou nenhum tratamento, o uso de agroquímicos, o desmatamento e a mineração são os principais culpados por este quadro.

As bacias do rio Gravataí e do Sinos, que abastecem a região metropolitana de Porto Alegre, também se enquadram na categoria péssima/ruim. Estão igualmente bastante comprometidas as seguintes bacias:

Região Hidrográfica do Paraná: Bacia do Alto Iguaçu (PR), Rio Piracicaba (SP), Rio Preto (SP), Rio Moji-Mirim (SP), Rio Santo Anastácio (SP), Rio Capivari (SP), Jaguari (SP), Rio São Francisco (PR).
Região Hidrográfica do São Francisco: Rio das Velhas (MG), Rio Pará (MG), Rio Paraopeba (MG), Verde Grande (MG).
Região Hidrográfica Atlântico Nordeste Oriental: Bacias dos rios Jaguaribe, Cuiá, Cabocó, Mussure (PB), Pirapama (PE), Coruripe (AL).
Região Hidrográfica Atlântico Sudeste: Rio Paraibuna (MG), Rio Jucu (ES), Rio Itanguá (ES), Rio Marinho (ES), Rio Piaçaguera (SP).

É curioso notar que alguns corpos d'água desses locais se conservam razoavelmente limpos graças às florestas próximas, que ajudam na sua depuração: as árvores têm a capacidade de segurar o solo com suas raízes, evitando que a terra escorra para os mananciais, assoreando-os; mantêm também uma camada de solo larga o suficiente para filtrar a água da chuva, depurando-a até que chegue ao lençol freático. Essa "proteção" pode ser verificada nos rios próximos às praias de Caraguatatuba, Ilhabela e São Sebastião; e, no Rio de Janeiro, de Angra dos Reis, Paraty e Ilha Grande.

Em termos de volume de contaminação, o grande vilão é o esgoto doméstico. Isto porque o número de brasileiros que vivem na zona urbana cresceu muito nos últimos 60 anos. O país tinha apenas 31,3% da população vivendo em centros urbanos em 1940. Em 2000, passou a 81,2%. Os investimentos oficiais em infraestrutura das cidades nunca foram suficientes para atender a essa massa. Segundo dados do Sistema Nacional de Informações sobre Saneamento em 2008, aproximadamente 43% dos municípios possuem algum sistema de coleta de esgotos, sendo que 21% se utilizam de fossas sépticas. No entanto, apenas 34,6% do esgoto coletado recebe tratamento. O restante é jogado diretamente nos corpos d'água. Além do esgoto despejado *in natura* – ou seja, sem nenhuma depuração –, há o problema do descarte de resíduos sólidos. Embora o Brasil registre alto índice de coleta na área urbana (90%), grande parte do volume coletado (58%) não tem destinação correta: 21% corresponde à descarte em lixão; 37% aterro controlado e 0,1% são jogados em áreas alagadas, como rios, represas, lagoas ou mar.

Ocupação de mananciais

Um dos fatores que mais comprometem a qualidade e a quantidade de

Anel polêmico

Uma das principais obras viárias em andamento em São Paulo tem causado muita polêmica pelo impacto ambiental que poderá causar. Trata-se do Rodoanel Mário Covas, que deverá ter cerca 170 quilômetros de extensão e interligar dez rodovias, como Régis Bittencourt, Imigrantes e Anchieta. Seu objetivo é evitar que os veículos que precisam passar de uma estrada a outra cruzem a cidade, normalmente sobrecarregada pelo trânsito.
A execução da obra foi dividida em quatro trechos. Dois estão em operação. O Oeste foi inaugurado em 2002; o Sul, em 2010. O empreendimento, estimado em 5 bilhões de reais, preocupa os ambientalistas devido à sua proximidade de áreas importantes de captação de água. O trecho Sul, por exemplo, cruza a represa de Guarapiranga e passa também pelo reservatório da Billings, através de duas pontes, uma no braço Bororé e outra no corpo principal. O projeto original do anel viário também foi criticado por pretender atravessar a Serra da Cantareira, uma das últimas reservas de mata atlântica da cidade. Essa ideia inicial foi rechaçada não apenas por entidades ambientalistas, mas também pela própria Sabesp, uma vez que o sistema Cantareira é um dos principais fornecedores de água para Região Metropolitana de São Paulo. Assim, após estudos, em 2009 o governo estadual decidiu mudar o traçado original. A obra agora deve cortar áreas com alta ocupação urbana nas escarpas da serra da Cantareira, Zona Norte de São Paulo. As discussões, porém, continuam; como os novos trechos do Rodoanel deverão interferir em vegetação, topos de morros, mananciais e áreas alagadiças, além no desalojamento de famílias, reivindicam-se novas pesquisas para minimizar o impacto ambiental e social da construção.

CAPÍTULO 7 — BRASIL, SENHOR DAS ÁGUAS

água disponível nas cidades brasileiras é a ocupação irregular das margens de rios e represas. Quando barracos ou loteamentos substituem as matas ciliares, estas deixam de segurar o solo, e sedimentos são arrastados para os mananciais, que perdem sua capacidade de armazenagem. Além disso, essas áreas geralmente não têm sistema de coleta de esgoto – o que contribui para a contaminação das águas.

Um bom exemplo é a represa de Guarapiranga, que mata a sede de 4 milhões de pessoas no estado de São Paulo. Nas suas margens vivem cerca de 800 mil pessoas. Uma das soluções seria levar o serviço de coleta de esgoto a essas comunidades – o que diminui os despejos poluentes e melhora a qualidade de vida da população. Entretanto, a face negativa desse modelo é a de favorecer a valorização dessas áreas, estimulando ainda mais a sua ocupação.

A seca

Cerca de 30 milhões de pessoas vivem no chamado Polígono das Secas – que inclui onze estados (leste do Maranhão, Piauí, Ceará, Rio Grande do Norte, Paraíba, Pernambuco, Alagoas, Sergipe, Bahia, norte de Minas Gerais e Espírito Santo). É o semiárido mais populoso do mundo.

A região sofre longos períodos de estiagem, que costumam reduzir os estoques de água disponíveis. Em consequência, uma parte considerável da população é obrigada a fazer longas caminhadas diárias para buscar água para uso doméstico. Provavelmente mais de dois terços dos 3,3 milhões de domicílios rurais no Nordeste enfrentam essa realidade.

Os períodos de secas prolongadas resultam também em expressivos prejuízos econômicos, com grandes perdas agrícolas; amplia-se a miséria e o êxodo rural, que agrava o inchaço das cidades. E a falta d'água acaba causan-

---

Mecanismos para driblar a seca

Açude: Barragem construída para armazenar água, típica do Nordeste. Seu nome vem do árabe *as-sudd*, que significa "obstrução" ou "represa".

Poço artesiano: Poço profundo, cuja pressão é tamanha que a água aflora como um jato, alcançando muitos metros. Este nome deriva da região francesa de Artois, onde foi cavado o poço mais antigo da Europa nesses moldes, em 1126.

Capim *buffel*: Espécie importada dos Estados Unidos, de alta resistência à estiagem. Disseminou-se pelo semiárido nordestino, roubando o território de espécies nativas e igualmente adaptadas. Também é acusado de facilitar a desertificação.

Cisterna: Reservatório cavado na terra para armazenar a água da chuva. Muitas vezes, é ligada à calha de uma casa. Em geral, atende às necessidades de uma única residência.

CAPÍTULO 7 – BRASIL, SENHOR DAS ÁGUAS

do conflitos, comuns principalmente na costa da Região Hidrográfica Atlântico do Nordeste Oriental e em parte das bacias do Parnaíba e do São Francisco. Outra consequência importante é a expansão da chamada "indústria da seca" – fenômeno recorrente há mais de um século, que consiste no enriquecimento ilícito de políticos, empresários e outras pessoas que se apossam de boa parte dos recursos destinados às obras que visam reduzir o problema da estiagem.

Inundações

Todas as regiões brasileiras estão sujeitas a enchentes. Algumas são graduais, como as inundações anuais do Amazonas, cujo auge ocorre em meados de junho. Outras são repentinas, associadas a um súbito aumento do volume dos rios por causa de tempestades. Estas são particularmente nocivas em cidades mal planejadas, cujos solos foram impermeabilizados, o que impede o escoamento da água das chuvas. O mecanismo é sempre o mesmo: ruas são asfaltadas, quintais cimentados, avenidas abertas junto às margens dos rios. Sobram poucas áreas verdes. O resultado é que uma grande quantidade de água flui para os cursos d'água e os fundos de vale – que normalmente coincidem. Contribui ainda para as enchentes das cidades a insuficiente manutenção das bocas de lobo, frequentemente entupidas pelo acúmulo de lixo.

Outro fator que aumenta o impacto das enchentes é a ocupação indevida das várzeas dos rios – áreas que são periodicamente alagadas. É o que

Desertos brasileiros

Embora pouco divulgado, o problema da desertificação é bastante sério no Brasil. Quando perde sua vegetação, o solo calcário é dissolvido e arrastado com facilidade pelas chuvas e pelo vento. A enxurrada escava voçorocas – buracos gigantescos, que podem chegar a cinco metros de profundidade. Elas não param de crescer, a menos que haja uma intervenção ativa para conter o desbarrancamento. No Brasil, mais de 1 milhão de quilômetros quadrados é afetado pela desertificação nos estados do Nordeste, Minas Gerais e Espírito Santo. Vivem nesses locais cerca de 30 milhões de brasileiros que podem enfrentar escassez de água, períodos de secas e dificuldades econômicas. Também já foram identificadas ocorrências de desertificação em regiões do Centro-Oeste e do Sul. Em Goiás, os bancos de areia chegam a 7,5 hectares. No Rio Grande do Sul, a 6,5 hectares. Essas terras haviam sido exploradas pela plantação de soja (GO) e eucalipto (RS). A perda de solo e de recursos hídricos tem grande impacto na economia: segundo estudo da UNCCD na América Latina, o custo da desertificação no país chega a 5 bilhões de dólares, o que representa 0,8% do PIB. Caso a previsão de aumento da temperatura da Terra se concretize até 2100, essa perda pode atingir um terço da economia nacional.

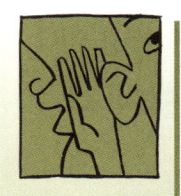

CAPÍTULO 7 – BRASIL, SENHOR DAS ÁGUAS

ocorre em Blumenau (SC), cortada pelo rio Itajaí. Quando a região foi colonizada, não havia índios vivendo perto dos rios; eles preferiam se concentrar nas serras e, por isso, não opuseram resistência aos invasores. Hoje se compreende o porquê: as inundações são recorrentes na cidade, e quase todos os anos há registros de imóveis invadidos ou destruídos pelas águas.

Em 2009, o Brasil foi o sexto país em desastres naturais. Segundo o Departamento para Redução de Desastres da ONU, houve dez ocorrências no país, a maioria relacionada a chuvas, deslizamentos e enchentes. Naquele ano, foram registradas mais de 180 mortes devido às inundações e deslizamento. Em 2010, enchentes em Alagoas e Pernambuco afetaram cerca de 300 mil pessoas, deixando mais de 100 mil desalojados e 53 mil desabrigados nos dois estados, de acordo com dados da Defesa Civil.

Escrito na lei

O Brasil tem uma legislação específica para a defesa dos recursos hídricos desde 1934, quando foi aprovado o Código das Águas. Contudo, esse código nunca foi plenamente regulamentado – e, portanto, também nunca foi de fato aplicado.

A gestão efetiva dos recursos hídricos só voltou a ser discutida de forma mais completa na Constituição Federal de 1988. Ela inclui entre os bens da União lagos, rios e outros corpos d'água em terrenos de seu domínio – que percorram mais de um estado, por exemplo – ou ainda que atravessem a fronteira com outros países. Os demais corpos d'água pertencem aos estados. Pela Constituição, cabe ao governo federal definir critérios de gestão da água e de outorga de direitos de usá-la.

A atual legislação brasileira sobre recursos hídricos se destaca por reconhecer a multiplicidade de usos da água e determinar que sua utilização prioritária seja para o abastecimento humano.

Comitês de bacia

Formados por representantes de várias instâncias governamentais, representantes dos usuários (como agricultores e industriais) e da sociedade civil, os comitês de bacia são espaços de discussão sobre problemas relativos aos vários conjuntos de rios, como a competição entre os diferentes usos da água ou a necessidade de cobrar pela sua utilização. Também ajudam a arbitrar conflitos entre vizinhos que disputam um mesmo riacho, ou geradoras de hidroeletricidade e agricultura que precisam de um mesmo volume de água para trabalhar. Compete ainda aos comitês aprovar o Plano de Recursos Hídricos da bacia e promover o rateio de custo das obras de uso múltiplo, de interesse comum ou coletivo. Já existem cerca de 150 comitês de bacia em atuação no país.

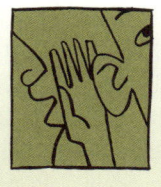

CAPÍTULO 7 — BRASIL, SENHOR DAS ÁGUAS

O tema foi retomado na Lei das Águas (Lei nº 9.433), de 1997, que, inspirada no modelo francês, instituiu a Política Nacional de Recursos Hídricos e criou o Sistema Nacional de Gerenciamento de Recursos Hídricos. Sua principal inovação foi propor que as decisões sobre o uso dos rios em todo o país fossem tomadas por comitês de bacia. Ela também abre caminho para a cobrança de uma taxa pela utilização da água – além do custo do seu tratamento, que já é cobrado hoje.

Três anos depois foi aprovada a Lei nº 9.984, que dispõe sobre a criação da ANA (Agência Nacional de Águas). Vinculada ao Ministério do Meio Ambiente, a ANA é a responsável pela implantação da Política Nacional de Recursos Hídricos, cuja ação é norteada pelas diretrizes contidas no Plano Nacional de Recursos Hídricos. Publicado em 2002, o plano estabelece atribuições e define as entidades competentes para levar a cabo os projetos de gerenciamento de água nas diferentes regiões hidrográficas do país.

Os estados também possuem leis próprias sobre a água, e muitos incluíram o tema em suas constituições.

O país tem, ainda, uma legislação específica para a gestão dos recursos marinhos. O principal documento é a Lei nº 7.661, que institui o Plano Nacional de Gerenciamento Costeiro, aprovada em 1988.

A água ganhou todo um capítulo na Agenda 21, um dos principais documentos nascidos na Conferência das Nações Unidas sobre Meio Ambiente e Desenvolvimento, a ECO-92, promovida no Rio de Janeiro há pouco mais de uma década. A Agenda 21 é uma espécie de roteiro que orienta cidades, estados ou países sobre a melhor forma de chegar a um desenvolvimento sustentável. O Brasil concluiu sua Agenda 21 nacional em 2002. Pelo menos 40 mil pessoas participaram dessa discussão, quando foram apresentadas 6 mil propostas em dezenas de audiências públicas. O resultado é um texto com algumas centenas de páginas.

Agenda

- **ANA – Agência Nacional de Águas**
  www.ana.gov.br/

- **CNRH – Conselho Nacional de Recursos Hídricos**
  www.cnrh.gov.br

- **Ministério do Meio Ambiente**
  www.mma.gov.br

- **Associação Brasileira de Águas Subterrâneas**
  www.abas.org.br

Poluição e Desperdício

8

UMA HISTÓRIA ANTIGA

POLUIÇÃO

MEIOS DE DESCONTAMINAÇÃO

DESPERDÍCIO

POLÍTICAS PÚBLICAS

AGENDA

CAPÍTULO 8 – POLUIÇÃO E DESPERDÍCIO

Uma história antiga

Há 10 mil anos, quando surgiu a agricultura, florestas exuberantes cobriam a Mesopotâmia, onde fica hoje o Iraque. Quatro milênios depois, os agricultores locais começaram a cavar canais para desviar a água do rio Eufrates e irrigar as plantações, que cresciam juntamente com a população. Durante 2 mil anos o sistema garantiu colheitas fartas de trigo e cevada. Entretanto, esse tipo de irrigação acabou salinizando o solo – a água carrega pequenas quantidades de sal e outras impurezas que permanecem por muito tempo na terra –, que perdeu a fertilidade, impondo a ampliação das fronteiras agrícolas. Em 2000 a.C. já não havia mais vestígios de florestas – a região tornou-se desértica.

A história da Mesopotâmia mostra que a mesma água que gerou a vida no planeta e nos hidrata diariamente pode causar danos profundos se for mal manejada. Quando indivíduos, empresas e países tomam decisões erradas, podem transformar um recurso limpo e abundante em veneno ou raridade.

Segundo a ONU, entre 1970 e 1990 as reservas de água *per capita* foram reduzidas em um terço. Uma das principais razões para essa queda é o fato de que o consumo aumentou seis vezes ao longo do último século, enquanto a população apenas triplicou.

Ao esbanjamento soma-se a poluição. Estima-se que 90% dos esgotos do mundo em desenvolvimento são despejados sem tratamento em oceanos, mares, rios e lagos. Não é por acaso que alguns dos rios mais poluídos localizam-se nas áreas de maior concentração populacional. Além dos poluentes domésticos, os recursos hídricos são agredidos pelos dejetos produzidos pela indústria e a agropecuária: cada litro de sujeira despejada é capaz de inutilizar 10 litros de água.

O consumo excessivo de água e a poluição hídrica, porém, começam a ser atacados de frente. As primeiras vitórias se devem ao desenvolvimento de novas tecnologias, a políticas públicas mais rígidas e a uma mudança de atitude por parte de empresas e cidadãos.

CAPÍTULO 8 – POLUIÇÃO E DESPERDÍCIO

A água no papel

O último século foi pródigo em declarações e convenções internacionais de proteção aos recursos hídricos. As principais foram:
Convenção Ramsar de Proteção às Áreas Úmidas (1971)
Convenção para a Prevenção da Poluição do Mar por Navios (1973)
Convenção para Prevenção da Poluição Marinha por Fontes Terrestres (1974)
Convenção sobre o Direito do Mar (1982) – estabelece o regime jurídico sobre mares e oceanos
Convenção Internacional de Combate à Seca e à Desertificação (1994)
Convenção Sobre a Lei de Uso Não Náutico de Cursos de Água Internacionais (1997)
Convenção Internacional para o Controle e Gestão da Água de Lastro e Sedimentos de Embarcações (2004)

Poluição

Em 1882, o dramaturgo norueguês Henrik Ibsen (1828-1906) escreveu *Um inimigo do povo*, narrativa das desventuras do médico de um balneário turístico que percebe que as águas da cidade foram contaminadas por curtumes da região. Ele descobre que a poluição estava espalhando o tifo e outras doenças e resolve denunciar o problema. Entretanto, enfrenta uma resistência violenta por parte das autoridades e do conjunto da sociedade, que temem os prejuízos que poderiam ter em decorrência dessa má propaganda. Não são de hoje, portanto, a poluição de rios e oceanos e o conflito entre interesses econômicos e proteção ambiental.

Foi apenas em meados do século XX, no entanto, que as consequências das atividades poluentes começaram a ficar evidentes. Na década de 1950, os níveis de oxigênio de vários rios urbanos importantes dos países ricos baixaram a patamares críticos – chegaram a cerca de 10% do volume normal. Em Londres, um barco chegou a ser usado para injetar oxigênio puro diretamente na água, uma solução cara e com resultados limitados.

Levantamentos da ONU a esse respeito são bastante eloquentes. De acordo com ela, os 14 maiores rios europeus têm nascentes com "bom *status* ambiental", mas, no resto de seu percurso, estão bastante degradados. Na Ásia, todos os rios que cruzam cidades estão altamente poluídos. No relatório "Água Doente", divulgado em 2010, o Programa do

CAPÍTULO 8 – POLUIÇÃO E DESPERDÍCIO

Meio Ambiente das Nações Unidas alerta que morrem mais pessoas devido à água poluída do que por todas as formas de violência. Por falta de água limpa, morrem anualmente cerca de 1,8 milhão de crianças com menos de 5 anos.

Ainda segundo a ONU, os pobres são, como é de imaginar, os mais afetados pela poluição. Em países em desenvolvimento, 70% dos resíduos industriais são despejados sem tratamento nas águas, poluindo fontes de abastecimento. O quadro de poluição no geral é particularmente grave na Ásia, onde os rios têm mais bactérias do que os padrões aceitáveis. Na Malásia e na Tailândia, por exemplo, os rios contêm de 30 a 100 vezes mais porcentagens de agentes patogênicos do que é admitido pelos padrões de saúde.

As águas são poluídas, basicamente, por dois tipos de resíduos: os orgânicos, formados por cadeias de carbono ligadas a moléculas de oxigênio, hidrogênio e nitrogênio, e os inorgânicos, que têm composições diferentes. Em geral, os resíduos orgânicos têm origem animal ou vegetal e provêm dos esgotos domésticos e de processos industriais ou agropecuários. São biodegradáveis, ou seja, são destruídos naturalmente por micro-organismos. Entretanto, esse processo de destruição acaba consumindo a maior parte do oxigênio dissolvido na água, o que pode comprometer a sobrevivência de organismos aquáticos. Já os resíduos inorgânicos vêm de indústrias – sobretudo as químicas e petroquímicas – e não podem ser decompostos naturalmente. Entre os mais comuns estão chumbo, cádmio e mercúrio. Conforme sua composição e concentração, os poluentes hídricos têm a capacidade de intoxicar e matar micro-organismos, plantas e animais aquáticos, tornando a água imprópria para o consumo ou para o banho.

Poluição

É a contaminação da água com substâncias que interferem na saúde de pessoas e animais, na qualidade de vida e no funcionamento dos ecossistemas. Alguns tipos de poluição têm causas naturais – erupções vulcânicas, por exemplo –, mas a maioria é causada pelas atividades humanas.
À medida que a tecnologia foi se sofisticando, o risco de contaminação tornou-se maior. Há especulações de que a disseminação de encanamentos de chumbo, na antiga Roma, promoveu um envenenamento crônico da população mais rica, que tinha acesso à água encanada.

Poluentes sob a lupa

Esgotos – Em todo o planeta, 2,5 bilhões de pessoas vivem sem saneamento básico adequado e 18% da população mundial (1,2 bilhão de

CAPÍTULO 8 – POLUIÇÃO E DESPERDÍCIO

pessoas) não tem acesso a instalações sanitárias, o que compromete a qualidade dos corpos d'água e traz riscos para saúde. No Brasil, a rede coletora chega a aproximadamente 43% dos municípios, segundo dados do Sistema Nacional de Informações sobre Saneamento em 2008. Entretanto, a maior parte do volume recolhido não recebe nenhum tratamento e é despejada nesse estado em rios e represas ou no oceano. Apenas 34,6 % dos esgotos coletados são submetidos a algum tipo de tratamento.

Resíduos químicos – Geralmente descartados por indústrias e pela mineração, são difíceis de degradar. Por isso, podem ficar boiando na água ou se depositar no fundo de rios, lagos e mares, onde permanecem inalterados por muitos anos. Dentre os mais nocivos estão os chamados metais pesados – chumbo, mercúrio, cádmio, cromo e níquel. Se ingeridos, podem causar diversas disfunções pulmonares, cardíacas, renais e do sistema nervoso central, entre outras. Um dos mais tóxicos é o mercúrio, comumente descartado nos rios por garimpeiros após ser empregado na separação do ouro.

Nitratos – Presentes no esgoto doméstico e nos descartes de indústrias e pecuaristas, os nitratos representam especial risco à saúde de crianças, causando danos neurológicos ou redução da oxigenação do corpo. Além disso, a presença excessiva de nitratos em rios ou mares estimula o crescimento de algas, fenômeno conhecido como eutrofização. Em casos extremos, essas algas podem colorir a água e emitir substâncias tóxicas para os peixes (maré vermelha).

Vinhoto – Efluente orgânico resultante da fabricação do açúcar e do álcool. Pode ser usado como fertilizante, mas com frequência é descartado diretamente em corpos d'água das regiões produtoras de cana de São Paulo e do Nordeste, embora essa prática seja proibida por lei.

Poluição física – Algumas atividades modificam a temperatura ou a coloração da água. É o caso da indústria que usa água para resfriar seus equipamentos e depois a devolve ao rio. Ela continua limpa, mas está muito mais quente do que quando foi captada, o que causa danos aos ecossistemas. Outras atividades, como certos tipos de mineração, podem despejar material radioativo nos rios, prejudicando a fauna e a flora.

Detergentes – Em 1985, o Brasil aprovou uma lei que proibiu a produção de detergentes que não fossem biodegradáveis. No entanto, apesar de menos nocivos, os detergentes e sabões em pó comercializados atualmente contêm fosfatos, substâncias que podem promover um crescimento acelerado

Animais delatores

A presença de algumas espécies de animais particularmente suscetíveis à poluição pode confirmar que um corpo d'água está limpo. Há certas larvas de insetos, por exemplo, que desaparecem mesmo quando a contaminação de um rio é mínima.

Existem, porém, métodos mais sofisticados para descobrir se uma água está ou não contaminada. Um deles verifica a concentração de oxigênio dissolvido. Quanto menor a quantidade de oxigênio, maior a contaminação orgânica.

Outro método consiste em coletar amostras para verificar a presença de coliformes fecais – o máximo tolerado são 2 mil coliformes num copo d'água. O coliforme é uma bactéria da espécie *Escherichia coli* presente no trato digestivo humano e, por isso, encontrada em abundância nos esgotos domésticos.

---

de algas nos rios. Quando elas morrem, logo são decompostas por bactérias que consomem o oxigênio disponível na água e exalam mau cheiro.

Organoclorados – Compostos geralmente oriundos de processos industriais, formados por átomos de cloro ligados a um hidrocarboneto. De toxicidade variável, suspeita-se que favoreçam o aparecimento de diversos tipos de câncer e más-formações congênitas. Os organoclorados têm a capacidade de se acumular nos tecidos gordurosos dos organismos vivos e se tornam mais concentrados nos níveis mais altos da cadeia alimentar. Ou seja: passam dos microorganismos filtradores para os moluscos, deles para os peixes e daí para mamíferos e aves. O homem, que está no fim dessa cadeia, costuma ter as maiores concentrações de organoclorados em seu sangue. Alguns deles são utilizados como agrotóxicos – DDT, Dieldrin e Aldrin –, mas a sua produção está proibida no Brasil.

Chorume – Líquido contaminado que escorre de aterros de lixo e também de cemitérios. Há relatos de moradores das proximidades do cemitério Vila Nova Cachoeirinha, em São Paulo, de que mais de uma vez as enchentes trouxeram para dentro de suas casas restos de roupas e esqueletos. Por isso, os corpos devem ser enterrados sobre solos bem impermeabilizados e protegidos, para que a contaminação não chegue ao lençol freático ou seja arrastada pela chuva. A mesma regra vale para os aterros sanitários e industriais.

Poluição no campo

A agropecuária contamina as águas de duas formas: quando utiliza fertilizantes e agrotóxicos e quando descarta efluentes com altas concentrações de nitrogênio, sobretudo aqueles gerados nas criações de animais.

CAPÍTULO 8 — POLUIÇÃO E DESPERDÍCIO

A maioria dos fertilizantes enriquece o solo com altas doses de nitratos e fosfatos. Parte desses nutrientes é absorvida pelos vegetais, aumentando o seu ritmo de crescimento e seu rendimento. Outra parte é arrastada pelas chuvas para os rios ou penetra no solo e acaba alcançando o lençol freático. Entre os agrotóxicos usados no combate às pragas incluem-se produtos de diferentes composições, algumas delas bastante tóxicas. Assim como os fertilizantes, eles também podem escorrer até um rio ou lago.

Já a criação de animais tem como principais resíduos os excrementos, que são altamente ricos em nitratos. Um porco de 100 quilos elimina cerca de 1 metro cúbico de esterco por ano, contendo 5,5 quilos de nitrogênio. Esses resíduos são produzidos em grandes volumes e muitas vezes despejados irregularmente nos corpos d'água. Na África, são encontrados poços com um nível de nitratos até oito vezes acima do recomendado pela Organização Mundial da Saúde (OMS).

Fábrica de problemas

No começo dos anos 1950, a cidade japonesa de Minamata ganhou fama mundial quando gatos, gaivotas, pescadores e suas famílias começaram a mostrar sérios sintomas de envenenamento. Centenas de pessoas morreram e muitas outras desenvolveram problemas neurológicos permanentes. Crianças começaram a nascer com paralisia cerebral e retardo mental.

As vítimas – que tinham em comum o fato de seguir uma dieta à base de peixes e moluscos provenientes da baía de Minamata e do oceano, onde as águas da baía desaguavam – estavam contaminadas com altos níveis de mercúrio. O metal provinha de despejos da Chisso, uma indústria química. Desde então, esse tipo de intoxicação é conhecido como "mal de Minamata".

A repetição dessa história não é impossível. Despejar resíduos na água é uma prática bastante arraigada na cultura industrial. Já no século XVI, indústrias holandesas que alvejavam linho jogavam resíduos nos canais que passavam diante de suas portas.

Segundo estimativas da ONU, nos países em desenvolvimento, 70% dos resíduos industriais são despejados nas águas sem tratamento, poluindo fontes de água doce. As nações desenvolvidas também enfrentam o problema de contaminação das águas. Um estudo feito em 15 cidades japonesas mostrou que 30% de todos os reservatórios subterrâneos estavam contaminados por solventes clorados derramados num raio de 10 quilômetros.

O Brasil tem um amplo registro de acidentes industriais que comprometeram seriamente a qualidade de seus rios. Dois merecem menção especial. O primeiro foi um vazamento de 4 milhões de litros de óleo de um duto da Refinaria Presidente Getúlio Vargas (PR), da Petrobras, em 16 de julho de 2000, dias depois de a usina ter obtido um certificado de boa gestão ambiental da série ISO 14.000. Maior acidente envolvendo a empresa em 25 anos, ele promoveu a contaminação dos rios Barigui e Iguaçu, no mesmo estado.

O segundo episódio envolveu a indústria de papel Cataguazes, instalada na cidade mineira de mesmo nome. Em 29 de março de 2003, uma barragem de contenção da empresa se rompeu, lançando ao rio Pomba cerca de 1,2 bilhão de litros de efluentes contaminados com enxofre, soda cáustica, anilina e hipoclorito de cálcio. O rio Pomba e também o Paraíba do Sul foram seriamente contaminados. Cerca de 600 mil moradores de cidades fluminenses ficaram vários dias sem abastecimento de água e centenas de pescadores foram impedidos de trabalhar. Um dos diretores da empresa chegou a ser preso, com base na Lei nº 9.605/98, de Crimes Ambientais, mas foi solto poucos dias depois.

Evitar a poluição industrial é tecnicamente fácil, mas nem sempre barato. As indústrias devem construir estações de tratamento de efluentes que reduzam seus teores de contaminação aos limites permitidos por lei. Essas estações podem utilizar métodos físicos, químicos ou biológicos de tratamento, conforme o tipo e o grau de contaminação. Por exemplo: grades, peneiras e decantadores são usados para separar partículas maiores; bactérias degradam materiais biológicos; e aditivos químicos corrigem o pH.

O ideal, contudo, é que a indústria nem sequer produza resíduos. Para isso, ela deve implantar um programa de "produção mais limpa". Este conceito propõe que se faça uma série de adaptações de modo a economizar água, energia e matérias-primas ao longo do processo industrial. Deve ser feita uma análise criteriosa de toda a linha de produção para que não se desperdice na-

Principais contaminantes gerados por indústrias

Abatedouros, indústrias de laticínios e de doces: matérias orgânicas (proteínas, gorduras, açúcares)
Indústrias têxteis: solventes, corantes, sulfetos, gorduras
Indústrias de papel: resíduos orgânicos (lignina, fibras), sulfetos e sulfitos, sais de mercúrio, fenóis e cloro
Indústrias químicas: metais pesados – mercúrio, nas galvanoplastias (indústrias especializadas no recobrimento de produtos industriais com metal) e indústrias farmacêuticas; arsênico, na metalurgia, curtumes e indústrias de vidros; cádmio, nas fábricas de baterias, pigmentos e material fotográfico; cromo, em galvanoplastias e fábricas de material fotográfico
Indústria petroquímica: hidrocarbonetos e sulfetos

CAPÍTULO 8 – POLUIÇÃO E DESPERDÍCIO

Água de lastro

O lastro é um peso colocado nos porões dos navios para permitir que se estabilizem. Quando um navio mercante está descarregado, seus tanques recebem água para servir de lastro e manter sua estabilidade. Quando a embarcação é carregada, a água é devolvida ao mar e, com ela, milhares de organismos aquáticos que não pertencem, necessariamente, ao local onde são despejados. Calcula-se que esse sistema transfira internacionalmente pelo menos 7 mil espécies marinhas ao redor do globo, inclusive o vibrião colérico (bactéria que causa a cólera) e algas tóxicas.

A água de lastro trouxe para o Brasil um pequeno vândalo: o mexilhão dourado, um molusco típico dos rios chineses. Ele chegou ao Rio da Prata, na Argentina, em 1991, e avançou pelos rios Paraná e Paraguai, até se estabelecer no Pantanal Mato-Grossense. Essa invasão silenciosa provocou impactos socioeconômicos importantes, porque o mexilhão dourado entope dutos dos sistemas urbanos de abastecimento de água potável, impede o funcionamento normal das turbinas da Usina de Itaipu – com custos de quase 1 milhão de dólares a cada dia de paralisação desnecessária – e funde os motores de pequenas embarcações. Há um esforço internacional para aprovar uma convenção que ajude a controlar esse uso da água e reduzir o seu impacto.

da – afinal, qualquer perda se converte em resíduo no fim do processo. Por exemplo: uma fábrica que usa 10 mil litros diários de água para lavar seus equipamentos e no fim do dia joga fora esse efluente contaminado com óleos e gorduras tem de fazer um grande investimento numa estação de tratamento. Entretanto, ela tem a opção de instalar um sistema mais simples, de separação dos óleos e gorduras. Esses resíduos voltam para o processo industrial, quando possível, ou são vendidos a terceiros ou ainda, em último caso, podem ser descartados num aterro. A água, agora limpa, pode ser reaproveitada na íntegra. Dessa forma, a produção mais limpa traz ganhos econômicos para o empreendedor. Percebendo esse benefício, as empresas brasileiras têm investido mais em controle ambiental nos últimos anos. Segundo dados do IBGE, houve uma alta de 86,4% nesse setor: em 1997, o investimento era de 2,2 bilhões de reais; em 2002, passou para 4,1 bilhões de reais.

Mares mortos

Apesar de suas dimensões imensas, os oceanos são tão vulneráveis à poluição quanto qualquer outro ambiente natural. Contudo, sua gigantesca capacidade de diluição costuma esconder os danos produzidos.

Estima-se que globalmente cerca de 1 milhão de toneladas de óleo é lançado nos mares a cada ano. Parte desse volume tem origem na exploração, processamento e transporte do petró-

CAPÍTULO 8 – POLUIÇÃO E DESPERDÍCIO

leo. O montante da poluição por petróleo nos mares pode variar bastante de ano para ano, dependendo da frequência e da gravidade do derramamento de óleo. Em 20 de abril de 2010, um poço de petróleo explodiu no Golfo do México, nos Estados Unidos. O desastre ambiental foi o maior da história americana. Calcula-se quase 800 milhões de litros de petróleo (4,9 milhões de barris) foram despejados nas águas durante 87 dias. O vazamento cobriria praticamente todo o estado do Rio de Janeiro.

Um dos principais responsáveis pelos grandes derramamentos de petróleo que sistematicamente dominam as manchetes de jornais é o envelhecimento da frota mundial de petroleiros. Cerca de 3 mil navios continuam em atividade, apesar de já transportarem combustíveis há mais de 20 anos.

Uma segunda causa de contaminação é a poluição produzida no continente. A baía de Guanabara, por exemplo, recebe a cada dia 465 toneladas de esgotos; desse total, apenas 33% recebe algum tratamento. O despejo de óleo resultante da atividade industrial é de 7 toneladas por dia.

Esses dados são do Programa de Despoluição da baía de Guanabara. Também é preocupante a estimativa de que 70% das indústrias da região não tenham qualquer tratamento para seus resíduos.

O mesmo ocorre em todo o litoral brasileiro. Nos últimos 60 anos, mais de 100 empresas, do ramo agrícola ao siderúrgico, liberaram metais como cobre, cromo, chumbo, zinco e manganês nas águas da baía de Todos os Santos, em Salvador. Em abril de 2009, a região também sofreu um vazamento de óleo de aproximadamente 2,5 mil litros, que atingiu as praias de Coqueiro Grande até Caípe.

O fenômeno se repete em cidades menores. O maior criadouro natural de camarões de Maceió foi batizado pelos pescadores de "Lama Grande", por estar contaminado por esgotos.

Os limites toleráveis para a poluição são estabelecidos localmente e variam muito: no Brasil, uma praia é considerada própria para banho se nela forem encontrados menos de mil coliformes fecais por 100 mm de água. Na União Europeia, o limite é 100.

Meios de descontaminação

Há inúmeras formas de retirar o óleo derramado no oceano. Uma delas é despejar sobre a mancha solventes e dispersantes químicos, mas muitas vezes eles são bastante tóxicos. Outros métodos buscam concentrar o óleo num só ponto, para que possa ser recolhido. Para

CAPÍTULO 8 — POLUIÇÃO E DESPERDÍCIO

conseguir tal objetivo, pode-se recorrer a substâncias que mudam a tensão entre a água e o óleo, permitindo que a separação entre eles seja mais nítida. Também podem ser usadas barreiras absorventes flutuantes semelhantes a boias, ou ainda pode-se despejar sobre a mancha serragem, pó de borracha ou espuma de poliuretano (tipo de plástico), capazes de absorver o óleo. É possível, ainda, jogar materiais mais pesados, como calcário ou areia, que também são capazes de atrair o óleo, fazendo com que ele se deposite no fundo do mar e impedindo sua dispersão. Esse método costuma ser usado em regiões distantes da costa e dos mangues, justamente porque podem comprometer o solo do oceano.

Há, por fim, métodos biológicos. O petróleo é um hidrocarboneto que serve de alimento para inúmeras bactérias. Pode-se aumentar seu apetite, despejando-se um composto à base de nitrogênio, fósforo e ácido oleico, que faz com que elas se proliferem mais rápido. Assim, o número de bactérias presentes num milímetro de água pode pular de 20 para 100 mil organismos em poucas horas. Depois, elas sobrevivem por semanas, alimentando-se do petróleo espalhado.

Limpando a sujeira

Para que um rio seja despoluído, é fundamental deixar de despejar contaminantes nele. Graças à capacidade de autodepuração da água, a poluição orgânica tende a desaparecer aos poucos. Entretanto, outros contaminantes, como os metais pesados, podem ficar depositados ali por muitos anos, se não forem removidos.

Um dos episódios de despoluição hídrica mais bem-sucedidos foi o do rio Reno, hoje razoavelmente limpo devido a um trabalho conjunto dos cinco países que atravessa – França, Alemanha, Holanda, Suíça e Áustria. Ao longo do século XX, ele foi considerado um dos mais contaminados da Europa, devido à concentração urbana, agrícola e industrial às suas margens. Um dos maiores acidentes industriais já registrados ocorreu justamente ali, em 1986, quando um incêndio numa fábrica da indústria química Sandoz, em Basileia, na Suíça, contaminou o Reno com grandes quantidades de pesticidas. No entanto, em decorrência de uma fiscalização mais rígida e da construção de várias estações de tratamento, o rio recuperou boa parte do seu vigor. Tanto que, no começo dos anos 1990, o salmão voltou a ser pescado ali após 50 anos de ausência.

Experiências semelhantes têm sido tentadas no Brasil. Fortunas estão sendo gastas para limpar os rios Tietê e Pinheiros, em São Paulo, a baía de Guanabara, no Rio de Janeiro, ou a baía de Todos os Santos, em Salvador. Basicamente, o dinheiro vai para a coleta e tratamento de esgotos, a fiscalização das indústrias, o recolhi-

CAPÍTULO 8 — POLUIÇÃO E DESPERDÍCIO

mento de lixo, a recuperação das matas ciliares e programas de educação ambiental. Embora tenham começado há uma década, todas essas iniciativas ainda estão longe de tornar esses corpos d'água transparentes.

Tome-se o exemplo do Tietê. Já em 1976, o então ministro das Minas e Energia, Shigeaki Ueki, prometia na revista *Veja* "fazer uma pescaria no Tietê até o fim do governo Geisel". Em 1992, 13 anos após o fim do mandato do presidente Ernesto Geisel, um abaixo-assinado único na história do país reuniu mais de 1 milhão de assinaturas pedindo a despoluição do rio. Iniciou-se aí o Projeto Tietê, que já despendeu mais de 1,6 bilhão de dólares, sendo boa parte financiada pelo BID (Banco Interamericano de Desenvolvimento).

Mesmo com todo esse investimento, a promessa de Ueki ainda não se cumpriu. A primeira etapa do Projeto Tietê, entre 1992 e 1998, ampliou a coleta de esgotos na região metropolitana de São Paulo de 70% para 80%, e o tratamento de 24% para 62%. A segunda etapa, entre 2000 e 2008, buscou aperfeiçoar o sistema de coleta. O índice passou de 80% para 84% e a capacidade de tratamento aumentou para 70%. O valor do investimento foi de 500 milhões de dólares. A terceira fase está orçada em 1,05 bilhão de dólares, dos quais 600 milhões oriundos de empréstimo do BID. Até 2015, a meta do Projeto é de 87% na coleta de esgoto e 84% no tratamento. Estão previstas a construção de 580 quilômetros de coletores e interceptores, 1.250 quilômetros de rede coletoras e ampliação em 40% da capacidade das Estações de Tratamento de Esgoto.

Os gastos com o Programa de Despoluição da baía de Guanabara, iniciado em 1994, também são impressionantes. O orçamento original era de 793 milhões de dólares, financiados pela Agência de Cooperação Internacional do Japão e pelo BID, mas já foram investidos cerca de 1 bilhão de dólares. Contudo, as obras da primeira fase sofreram atrasos ou foram mal executadas. O resultados ainda são considerados insatisfatórios: só 33% do esgoto que chega à baía passa por algum tipo de tratamento. O governo que pretende investir mais 1,2 bilhão de reais, tendo como meta tratar 60% dos efluentes até 2013.

Desperdício

Já diziam nossas avós que sabendo usar não vai faltar. O velho ditado é cada dia mais atual, assim como a necessidade de utilizar com sabedoria o que temos. A água é um recurso limitado, e o seu desperdício tem consequências. Cada setor da economia, cada fatia da sociedade,

CAPÍTULO 8 – POLUIÇÃO E DESPERDÍCIO

tem sua parcela de responsabilidade nessa história.

À semelhança do que ocorre com a maioria dos países, no Brasil a agricultura é o setor que mais consome água, representando 69% do consumo total do país. O uso doméstico urbano é responsável por 10%, a indústria fica com 7% e 12% são usados para criação de animais. Todos esses consumidores tendem a usar a água de modo abusivo. E não é a qualidade de vida que exige isso. Com um bom planejamento, é possível gerar empregos e movimentar a economia mesmo com pequenas quantidades do recurso. Afinal, para que sejam criados 100 mil empregos em alta tecnologia no Vale do Silício, nos Estados Unidos, estima-se que são necessários 946 milhões de litros de água por ano. Este mesmo volume criaria apenas 10 empregos na agricultura californiana.

Roça perdulária

A irrigação é vital para a agricultura na maior parte do planeta e em certas regiões do Brasil. Cerca de 18% das áreas cultivadas globalmente são irrigadas. Contudo, como elas costumam produzir mais de uma colheita por ano, sua participação na produção mundial de alimentos é proporcionalmente maior – até 44%.

No Brasil, há 4,6 milhões de hectares irrigados – relativamente pouco, em face da área plantada no país, em parte pelos custos envolvidos, em parte porque esta prática só se difundiu aqui a partir dos anos 1970. Estima-se que no país haja em torno de 30 milhões de hectares de solos aptos para agricultura irrigada. No entanto, atualmente, pouco mais de 5% da área plantada é irrigada, o que corresponde a 16% do volume de alimentos e 35% do valor da produção.

Dependendo da região onde é praticada, a irrigação pode adotar modelos bastante diferentes. Nas regiões Sul, Sudeste e Centro-Oeste, ela é mais comum em arrozais e plantações de grãos; tem crescido particularmente na cultura de soja do Centro-Oeste. No Nordeste, é

Disputas da irrigação

O consumo excessivo leva à escassez. A escassez leva à disputa. O aumento das áreas irrigadas tem ampliado a ocorrência de conflitos em várias partes do país. Há mais de uma década já eram registradas mortes causadas pela disputa hídrica em Birigui (SP), no Vale do Rio Verde Grande, e na bacia do rio Salitre (MG), entre outros. Em 2001, a estiagem baixou o nível do reservatório de Sobradinho, na Bacia do São Francisco, gerando uma disputa entre agricultores (que dependem da água para a irrigação) e o setor elétrico. A Agência Nacional de Águas teve de atuar como mediadora na questão.

CAPÍTULO 8 — POLUIÇÃO E DESPERDÍCIO

praticada com pesado investimento governamental, visando ao desenvolvimento regional, e está concentrada na fruticultura.

Para enfrentar o desperdício é necessário ampliar a eficiência da irrigação. Em geral, os agricultores promovem a inundação de seus campos ou constroem canais de água paralelos aos canteiros. No Brasil, são comuns os sistemas de aspersão. Dentre eles, está o sistema de pivô central, com uma haste aspersora que gira em torno de um eixo, molhando uma grande área circular. Em todos esses casos, as plantas só absorvem uma parte pequena da água. O resto evapora ou escorre para corpos d'água próximos. Muitas vezes, isso acaba promovendo erosão, salinização da água ou sua contaminação com agroquímicos.

Técnicas mais eficientes podem reduzir em até 50% a água necessária. Uma das principais é o sistema de gotejamento — um duto passa ao longo das raízes das plantas, pingando apenas a água necessária. Produzir tomates com os sistemas de irrigação tradicionais exige 40% mais água que nos sistemas de gotejamento.

Fábricas com sede

As indústrias utilizam a água de diversas maneiras: no resfriamento e na lavagem de seus equipamentos, como solvente ou ainda na diluição de emissões poluentes. Em termos globais, a indústria é responsável por 22% de toda a água doce consumida. Essa porcentagem é muito maior em países ricos — 59% — e bem menor nos países pobres — apenas 8%.

Alguns setores são especialmente perdulários nesse quesito. Um bom exemplo é o aço. Antes da Segunda Guerra Mundial, eram necessárias entre 60 e 100 toneladas de água para produzir 1 tonelada do metal. Hoje, com as novas tecnologias, para se produzir uma tonelada de aço, são utilizados de 2 a 350 metros cúbicos de água. O consumo de água também é alto na produção de papel para cada um tonelada de produto produzido se gasta em torno de 80 a 2 mil metros cúbicos de água.

Por outro lado, indústrias de muitos países estão conseguindo usar a água com mais eficiência. O Japão é um exemplo. Em 1965, o país utilizava cerca de 49 milhões de litros para produzir 1 milhão de dólares em mercadorias. Em 1989, o volume ne-

Água necessária para produzir 1 kg de alimentos

Produto	Volume (litros)
Carne	15.000
Frango	6.000
Cereais	1.500
Frutas cítricas	1.000
Raízes e tubérculos	1.000

Fonte: ONU

cessário para o mesmo desempenho caiu para 13 milhões de litros.

No Brasil, a maior parte das grandes indústrias tem programas de reaproveitamento de água, uma vez que ela se torna cada vez mais rara e cara. É o caso da indústria de bebidas Ambev, que conseguiu reduzir o volume captado por suas fábricas em 9 milhões de metros cúbicos anuais.

Lar do desperdício

De acordo com dados do Pnud, atualmente, a população mundial usa 1,5 milhão de quilômetros cúbicos de água por ano sem necessidade. Um relatório do Banco Mundial, por sua vez, apresentou o desperdício por classe econômica. Os ricos gastam em média 1.167 metros cúbicos de água por ano, enquanto os pobres gastam 386 metros cúbicos. No Brasil, o consumo por habitante é de 187 litros/dia por pessoa. Os desperdícios domésticos estão relacionados a hábitos como longos banhos ou lavagem de quintais, calçadas e carros com mangueiras.

O banheiro é onde há mais desperdício. A simples descarga de um vaso sanitário pode gastar até 30 litros de água, dependendo da tecnologia adotada. Uma das mais econômicas consiste numa caixa d'água com capacidade para apenas 6 litros, acoplada ao vaso sanitário. Sua vantagem é tanta que a prefeitura da Cidade do México lançou um programa de conservação hídrica que substituiu 350 mil vasos por modelos mais econômicos. As substituições reduziram de tal forma o consumo que seria possível abastecer 250 mil pessoas a mais. No entanto, muitas casas no Brasil têm descargas embutidas na parede,

Tecnologia econômica

Inúmeros equipamentos permitem economizar água em casa ou no escritório, embora nem todos estejam disponíveis no Brasil. Um dia você ainda terá um deles.
Desligamento automático: existem vários modelos de torneiras para pias e chuveiros que liberam água por apenas 30 segundos, a menos que sejam tocados novamente. Elas são comuns em clubes e shopping centers, onde o consumo é maior.
Banheiro de avião: os vasos sanitários instalados em aviões, onde há pouco espaço de estocagem de água, são muito econômicos. Suas descargas usam um sistema de sucção a vácuo, capaz de economizar 80% de água em relação às tradicionais, embora tenha a desvantagem de precisar de eletricidade para a produção do vácuo.
Descarga de duas marchas: comuns na Europa, são vasos sanitários com dois tipos de descarga, que liberam volumes diferentes de água conforme a necessidade.

CAPÍTULO 8 – POLUIÇÃO E DESPERDÍCIO

que costumam ter um altíssimo nível de consumo. O ideal é substituí-las por outros modelos.

O banho é outro problema. Quem opta por uma ducha gasta até três vezes mais do que quem usa um chuveiro convencional. São gastos, em média, 30 litros a cada 5 minutos de banho.

O consumidor – doméstico, industrial ou agrícola – não é o único esbanjador. De acordo com o Sistema Nacional de Informações sobre Saneamento (SNIS), referentes a 2008, 37,4% da água captada pelas companhias do setor se perde até chegar às torneiras, por causa de defeitos ou vazamentos.

Esse desperdício não é uma exclusividade nacional. Perdas acima de 30% são registradas em inúmeros

Feche a torneira

Todo consumidor de água pode ajudar a economizá-la, abandonando hábitos arraigados.

No banheiro
- Reduza o tempo de banho e economize pelo menos 6 litros por minuto.
- Encha a banheira só até a metade.
- Feche a torneira enquanto faz a barba ou escova os dentes. Você economizará de 10 a 20 litros por minuto.
- Instale descargas de vaso sanitário de baixo consumo e aeradores nas torneiras (redinhas que se encaixam no bocal). Se a caixa-d'água for acoplada ao vaso, coloque dentro dela uma garrafa plástica cheia d'água e tampada, para diminuir o volume gasto.
- Não jogue lixo no vaso.
- Não dispare a descarga desnecessariamente.

Na cozinha e na lavanderia
- Feche a torneira enquanto ensaboa a louça. Ela desperdiça de 10 a 20 litros por minuto, enquanto uma cuba cheia d'água não gasta mais do que 38 litros, no total.
- Compre modelos de máquinas de lavar roupas e louça que consomem pouca água. Só ligue os equipamentos quando estiverem cheios. Prefira usar o ciclo mais curto.
- Instale aeradores nas torneiras, que diminuem o volume consumido, porém não sua eficácia.

No lazer
- Lave o carro ou o quintal com balde, não com mangueira. Se quiser, use dois baldes, um com água e sabão, outro com água limpa.

Por toda parte
- Feche bem as torneiras. Uma torneira que goteja lentamente perde cerca de 50 litros por dia.
- Chame um encanador para que ele elimine todos os vazamentos da casa.

países. Há estimativas de que as perdas registradas na Cidade do México poderiam abastecer a cidade de Roma tranquilamente.

Políticas públicas

A escassez de água não é um destino traçado e inelutável: ela pode ser combatida e evitada por meio do estabelecimento de políticas eficientes e racionais. Um exemplo clássico de boa gestão dos recursos hídricos é o de Israel, onde desde 1970 a demanda é superior ao que seus mananciais podem oferecer. Para suprir esse déficit, o país teve de aprender a usar suas águas subterrâneas de modo intensivo, reutilizar efluentes domésticos e industriais e melhorar de modo progressivo sua eficiência no emprego dos poucos recursos disponíveis. A agricultura israelense conseguiu reduzir em 50% o volume de água utilizado na irrigação. Alcançou tal feito graças ao sistema de gotejamento. Além disso, 75% dos esgotos domésticos são tratados e reaproveitados – parte deles para irrigar produtos agrícolas sem fins alimentícios.

As práticas israelenses contrastam fortemente com as do nosso dia a dia: no Brasil, gastamos água de qualidade na descarga do vaso sanitário ou para molhar gramados, e nem sequer nos damos conta do desperdício que isso significa. Raramente pensamos que boa parte da água que utilizamos não precisa ter origem nobre, muito menos ser potável. Algumas iniciativas, porém, se contrapõem a esse uso irracional. É o caso da Sabesp (Companhia de Saneamento Básico do Estado de São Paulo), que tem sido bem-sucedida na comercialização de efluentes tratados. Essa água tem uma remoção de até 95% de sua carga poluente inicial. Ela é perfeitamente utilizável na lavagem de calçadas, ruas e veículos, para regar jardins e entrar em vários processos industriais. Além disso, tem indiscutível vantagem econômica: é dez vezes mais barata que a água tratada comum. É negociada com indústrias ou prefeituras interessadas.

Há exemplos de racionalização no uso da água: em 2009, Ribeirão Preto, município do interior paulista, instalou sensores de radiofrequência no sistema de abastecimento de água para detectar vazamentos, descobrir fraudes e diminuir o desperdício. Outra medida importante, esta em escala nacional, é a cobrança de taxa pelo uso dos recursos hídricos. Alguns comitês de bacias já adotaram esse instrumento, que também busca gerar verba para investimentos na recuperação e preservação dos mananciais das bacias.

CAPÍTULO **8** — POLUIÇÃO E DESPERDÍCIO

Agenda

- **Coalizão Rios Vivos**
  www.riosvivos.org.br

- **De olho nos mananciais**
  www.mananciais.org.br

- **Fundação SOS Mata Atlântica**
  www.sosmatatlantica.org.br

- **Instituto Akatu – Pelo consumo consciente**
  www.akatu.net

- **Petrobras**
  www.petrobras.com.br

- **WWF Brasil**
  www.wwf.org.br

- **Portal da Baía de Guanabara**
  www.portalbaiadeguanabara.org.br

Saneamento
9

LUXO PARA POUCOS

DE ONDE VEM A ÁGUA QUE BEBEMOS

O TRATAMENTO

PÚBLICO OU PRIVADO?

O PREÇO DA ÁGUA

AGENDA

CAPÍTULO 9 – SANEAMENTO

Luxo para poucos

Roma não seria a capital do mundo antigo se não dispusesse de um sofisticado sistema de saneamento, capaz de distribuir água limpa e recolher esgotos. "Compare, se quiser, esta variedade de estruturas indispensáveis, que carregam tanta água, com as ociosas pirâmides ou as inúteis, embora famosas, obras gregas", gabava-se Sextus Julius Frontinus, responsável pelo abastecimento de água da cidade no fim do primeiro século depois de Cristo. Na sua época, nove aquedutos traziam água de mananciais distantes. Eles alimentavam centenas de fontes e inúmeros banhos públicos, além do térreo dos edifícios – a água dificilmente alcançava os andares superiores. Os excedentes eram usados na diluição dos esgotos. O sistema de coleta dos esgotos domésticos também era bastante desenvolvido na época de Frontinus, mas datava de muito antes: começou a ser implantado no século VI a.C., quando foram construídas as primeiras cloacas, estruturas que recebiam os dejetos coletados no térreo dos imóveis e nos banheiros públicos. As cloacas eram tão grandes que podiam ser atravessadas com um barco. Tais estruturas deram a Roma um saneamento básico sem paralelos até o século XIX, quando esse tipo de serviço começou a se popularizar. O saneamento romano era, inclusive, muito superior aos sistemas disponíveis na Idade Média ou no Renascimento.

Nos dias de hoje, muitos têm motivos para invejar os antigos romanos. Ainda temos muito a avançar na área de saneamento: cerca de quatro em cada dez pessoas no mundo vivem sem instalações sanitárias adequadas. A maioria (70%) dessas pessoas sem acesso a saneamento básico vive na zona rural. O acesso à água também depende de questões econômicas. De acordo com a pesquisa, os 20% mais ricos no Sul do Saara, na África, têm duas vezes mais chances de utilizar uma fonte segura de água potável do que os 20% mais pobres na mesma região. Para as condições sanitárias a diferença é de cinco vezes a favor dos mais ricos.

CAPÍTULO 9 — SANEAMENTO

Aquedutos

Os aquedutos romanos não encontram paralelo à altura ao longo da história. Entre 312 a.C. e 226 d.C. foram construídos 11, muitos deles subterrâneos. Algumas dessas construções chegavam a percorrer 92 quilômetros. A água viajava tais distâncias empurrada pela força da gravidade. Aquedutos romanos podem ser observados ainda hoje em Segóvia (Espanha), Nîmes (França), Cesareia (Israel), na Grécia e no norte da África.

No Brasil, a situação é análoga. A disponibilidade dos serviços de saneamento é muito variável e, de modo geral, as regiões que precisam de mais investimentos em saneamento básico são as que têm as menores rendas médias e os piores indicadores sociais e de saúde. Segundo levantamento de 2008, a maior parte (21) dos 33 municípios sem rede geral de abastecimento se localizava no Nordeste do país, com destaque para os estados da Paraíba e Piauí. O restante estava na região Norte, sobretudo Rondônia. A região Sudeste é a única em que todas as cidades têm abastecimento por rede geral, ainda que em pelo menos um distrito. O contraste também é bastante marcante quando se fala em rede coletora de esgoto. Apenas oito estados possuíam mais da metade dos seus municípios com o serviço. Em relação às regiões do país, só o Sudeste registrava percentual elevado de municípios com rede coletora de esgoto em 2008 (95,1%). Nas demais, menos da metade das cidades dispunham do serviço: Nordeste (45,7%), Sul (39,7%), Centro Oeste (28,3%) e Norte (13,4%).

Por outro lado, o percentual de municípios com acesso a água encanada em pelo menos um distrito passou de 97,9% para 99,4% de 2000 até 2008. Em 14,9% das cidades brasileiras a água ainda chegava por meio de carros-pipas ou era captada de poços particulares. Apesar da ampliação da rede de abastecimento, 6,2% dos municípios tratavam a água apenas parcialmente e 6,6% não faziam qualquer tratamento. No campo, apenas 66% dos domicílios dispunham de água encanada, contra 97% dos domicílios urbanos. A coleta dos esgotos domiciliares passou de 52,2% em 2000 para 55,2% em 2008. A ocorrência da rede coletora é mais elevada nos municípios mais populosos. Na zona rural, prevalecia o uso de fossa rudimentar (58%) e vala (6,35%); quase 4% do esgoto era jogado diretamente em águas de rio, lago ou mar. Na área urbana, a rede coletora chegava a 61% dos domicílios. Em relação ao tratamento, apenas 28,5% das cidades cuida do esgoto e, em muitas delas, parcialmente e/ou só em um distrito. O volume tratado no país representava, em 2008, 68,8% do total.

CAPÍTULO 9 — SANEAMENTO

De onde vem a água que bebemos

A água para abastecer a população é captada nos mananciais – rios, represas, lagos, açudes, poços e, mais raramente, nos oceanos. Neste último caso, ela tem de ser submetida a um processo de dessalinização para que se torne potável. É um processo que costuma gastar muita energia e, por isso, é bastante caro. Isso explica por que só tem sido adotado onde há poucas alternativas, como regiões muito áridas do Oriente Médio, as ilhas do Caribe ou do Mediterrâneo.

Hoje há no planeta 13 mil unidades de dessalinização, oferecendo cerca de 1% da água potável para milhares de pessoas. Algumas delas produzem poucas dezenas de litros por dia; outras são capazes de abastecer cidades. A previsão da publicação Global Water Intelligence (GWI) é que esse negócio cresça bastante nos próximos anos, chegando a dobrar o número de unidades.

Os vários métodos de dessalinização incluem uma etapa de evaporação, seguida por outra de condensação. Num dos sistemas mais utilizados, a água é aquecida e bombeada para câmaras de baixa pressão, onde o líquido é transformado rapidamente em vapor. Ele é, então, condensado e retirado já purificado. Também se pode congelar a água e retirar os cristais de gelo, que se separam do sal.

Água viajante

Algumas empresas se especializaram num negócio peculiar: utilizam navios para trazer grandes quantidades de água limpa de regiões onde ela é abundante. Essa água pode então ser estocada nos tanques da embarcação ou ser arrastada e embalada em gigantescos sacos plásticos.

A partir de 1997, uma empresa britânica, a Aquarius Water Trading and Transportation, começou a levar água da porção continental da Grécia para as ilhas próximas em sacos de poliuretano com capacidade para até 30 milhões de litros, para ajudar os pontos turísticos a lidar com a crescente demanda por água potável nos picos de temporada. Outra empresa, a Nordic Water Supply, da Noruega, realizou entregas semelhantes, levando água da Turquia para o norte da ilha de Chipre, usando contêineres de lona. Sistemas similares foram empregados para amenizar as consequências de alguns desastres naturais, como o terremoto que destruiu Kobe, no Japão, em 1995.

CAPÍTULO 9 — SANEAMENTO

Entretanto, a opção mais barata emprega o processo de osmose reversa, em que a água é forçada a atravessar uma membrana muito fina, que não deixa os sais minerais passarem para o outro compartimento.

À captação tradicional, à dessalinização e ao transporte da água doce por navios soma-se uma nova forma de obter recursos hídricos. Trata-se do reaproveitamento da água de esgotos tratada, prática que já é comum em vários países e começa a se difundir no Brasil.

Em princípio, a água de reúso pode substituir a água tratada ou captada num manancial em praticamente todas as aplicações em que não é ingerida. Ela pode resfriar caldeiras industriais, abastecer o sistema de ar-condicionado, lavar máquinas, molhar jardins, limpar galerias ou pátios.

Os mais de 290 mil habitantes de Windhoek – capital do país mais seco do deserto do Saara, a Namíbia – consomem desde 1968 água de esgotos tratada. É o único lugar do mundo em que o tratamento ocorre em larga escala. Após limpeza rigorosa e monitoramento de qualidade, uma porção de 15% de água proveniente de esgotos é adicionada à água tratada. Essa mistura destina-se à irrigação de parques, jardins e a uso industrial. A população de Windhoek só a bebe em situações excepcionais, quando a seca excessiva não deixa outra alternativa. Em alguns lugares, efluentes tratados são utilizados na irrigação de áreas agrícolas. Isso acontece, por exemplo, na cidade de Mendonça, na Argentina.

No Brasil, em alguns municípios da região metropolitana de São Paulo já é comum a compra de água proveniente de esgotos tratados pela Sabesp, utilizada na lavagem de ruas ou na irrigação de praças e jardins. Além das prefeituras de Barueri, Carapicuíba, Diadema, São Caetano e São Paulo, algumas empresas também adotaram essa prática. Anualmente, pelo menos 948 milhões de litros de água são reaproveitados assim. Como o custo é baixo (o valor para órgãos públicos é ainda menor que para a iniciativa privada), a chamada água de reúso chega a representar 80% de economia para a prefeitura paulistana.

O tratamento

A água bruta – aquela captada de rios, lagos ou represas e que ainda não foi tratada – é encaminhada a uma ETA (Estação de Tratamento de Água), onde é submetida a uma série de processos que garante sua qualidade e elimina micro-organismos nocivos e resíduos.

A ETA purifica a água para que ela alcance os padrões mínimos de potabilidade. As principais etapas do tratamento são: desinfecção, coagulação, floculação, decantação, filtração, correção do pH e fluoretação.

A desinfecção é a eliminação dos micro-organismos por meio da adição de cloro. A coagulação é a retirada das impurezas em suspensão – ou seja, que boiam na água – por meio do emprego de sulfato de alumínio. A água se torna, então, ácida, e é necessário acrescentar cal para neutralizá-la. Em seguida é estimulada a floculação. Nessa etapa, a água é agitada para que as partículas de impurezas se aglomerem. A decantação faz com que os flocos que se originaram na etapa anterior fiquem depositados no fundo da água, formando uma camada de lodo, que é transferido para o canal de águas residuais da estação.

Então a água passa por filtros, de modo que pequenas partículas que não tenham sido removidas até então possam ser retiradas. Os filtros mais comuns utilizam carvão e areia, colocados sobre uma camada de cascalho, por onde a água tem de passar antes de chegar a um novo reservatório. Finalmente, o pH da água é corrigido, para que ela não seja nem muito ácida, nem muito alcalina. A última etapa é a adição do flúor, prática que ocorre em algumas cidades.

O cloro utilizado no tratamento da água elimina micro-organismos nocivos, mau cheiro, gosto desagradável e qualquer coloração anormal. Além de ser acrescentado no início do tratamento (pré-cloração), é colocado também na água decantada (intercloração) e na água filtrada (pós-clora-

Saturnino, o pioneiro

Pouca gente foi mais importante para o saneamento básico no Brasil do que o engenheiro fluminense Francisco Saturnino de Brito (1864-1929). Ele fez os principais estudos urbanísticos e de saneamento de Vitória (ES), Campinas, Ribeirão Preto, Limeira, Sorocaba, Amparo (SP), Petrópolis e Campos (RJ), sua cidade natal. Também elaborou projetos importantes para São Paulo e Recife. Na capital pernambucana, promoveu um conjunto de obras pioneiras de combate às enchentes, à custa da demolição de diversos casarões coloniais.

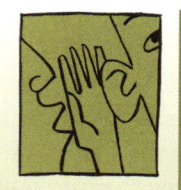

Saturnino de Brito também remodelou toda a rede de coleta de esgotos da cidade portuária de Santos, que teve um crescimento sem precedentes na segunda metade do século XIX. Devido às precárias condições de higiene, metade da população local foi dizimada por uma série de doenças. Entre 1890 e 1899 morreram 22 mil dentre os 50 mil santistas. Nesse contexto, o sanitarista idealizou para a cidade um sistema composto por duas redes separadas, uma para escoar as águas pluviais e outra para esgotos, implantado em 1894, e que deu conta dos dejetos descartados na cidade, permitindo a redução da mortalidade.

ção). A pós-cloração evita que a água se contamine durante o processo de distribuição. Imprescindível para a desinfecção, o cloro exige cuidados: há suspeitas de que a ingestão de água excessivamente clorada por mulheres grávidas aumente o risco de abortos.

A degradação dos mananciais de algumas cidades é tanta que as empresas de saneamento básico estão sendo obrigadas a aumentar muito a quantidade de produtos químicos que utilizam no tratamento da água. É o caso do Rio de Janeiro e de São Paulo. Desde o fim dos anos 1990, o volume de produtos usado pela Sabesp, que trata a água de 18 milhões de pessoas na Grande São Paulo, aumentou 40%, embora o volume tratado tenha crescido apenas 8% no mesmo período. Para a Sabesp, esse aumento significou uma ampliação nos gastos com produtos químicos de 34,2 milhões de reais em 1998 para 60 milhões em 2002.

Da ETA, a água tratada segue para reservatórios localizados nos bairros que devem ser abastecidos, onde é armazenada, e de lá segue para as residências, o comércio e as indústrias. Nesse trajeto, ela percorre uma rede de tubulações feitas de plástico PVC (policloreto de vinila). No passado, os canos de distribuição de água eram fabricados com ferro forjado ou chumbo, materiais que eram bastante frágeis e sujeitos a vazamentos. Já os modernos dutos de PVC costumam apresentar menos problemas de vazamento, e ainda não há registros concretos de que produzam danos à saúde de seus usuários. Mas a utilização desse tipo de plástico é bastante questionada pelos ambientalistas, pois trata-se de um produto organoclorado, cuja produção emite dioxinas e furanos, substâncias que podem provocar câncer e disfunções hormonais. A organização não governamental Greenpeace lançou, inclusive, uma campanha internacional de combate ao uso do PVC em brinquedos, pelo risco de ingestão por crianças.

Esgoto

À medida que as populações foram abandonando a vida nômade e funda-

Água vai!

A rede de esgotos em Lisboa foi construída sob as ordens do marquês de Pombal, depois do terremoto que destruiu a cidade em 1755. Ainda assim o sistema de saneamento foi bastante precário até o século XIX. Um hábito português que veio para o Brasil era o de despejar os urinóis das janelas superiores dos sobrados sobre a rua. Para alertar os passantes, gritava-se: "Água vai!". O hábito, felizmente, desapareceu, mas sobrevive na língua: tomar uma atitude sem dizer "água vai" ainda hoje significa agir intempestivamente, sem aviso.

CAPÍTULO **9** — SANEAMENTO

Tratamento e abastecimento

Represa

Estação de Tratamento de Água (ETA)

Reservatório dos bairros

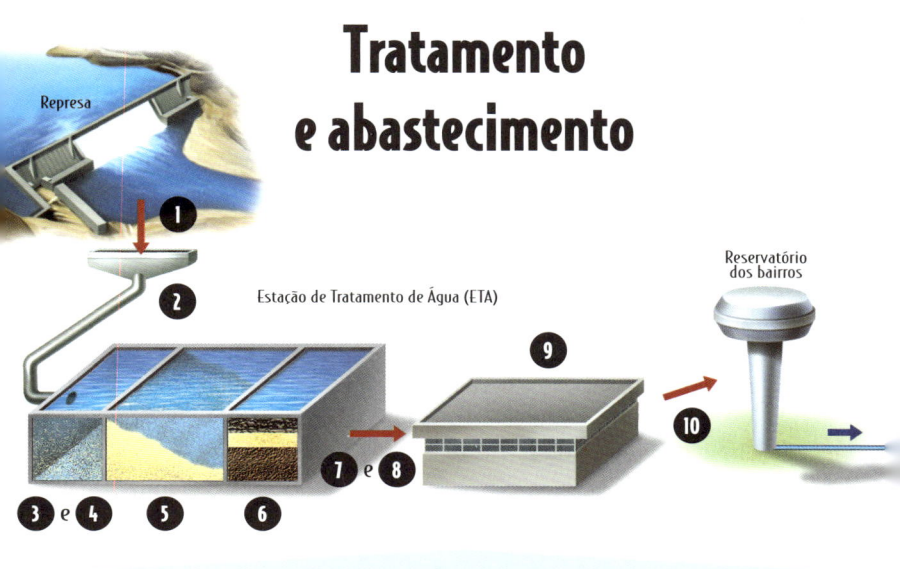

Tratamento de água

1. **Captação da água bruta**
2. **Desinfecção:** eliminação dos micro-organismos
3. **Coagulação:** retirada das impurezas em suspensão
4. **Floculação:** aglomeração das impurezas
5. **Decantação:** separação da água e da camada de lodo
6. **Filtração:** retirada das pequenas partículas
7. **Correção do pH:** equilíbrio da acidez (água nem muito ácida nem muito alcalina)
8. **Fluoretação:** adição de flúor
9. **Armazenamento**
10. **Abastecimento:** distribuição para os reservatórios dos bairros

Tratamento de esgoto

1. **Tratamento físico preliminar:** retirada de grandes resíduos por meio de filtros e grades
2. **Tratamento primário:** separação de óleos e gorduras por decantação seguido pela produção de lodo ativado
3. **Tratamento secundário:** retirada do lodo ativado por meio de nova decantação
4. **Tratamento de lodo:** desidratação e tratamentos diversos transformam o lodo em fertilizante

CAPÍTULO 9 – SANEAMENTO

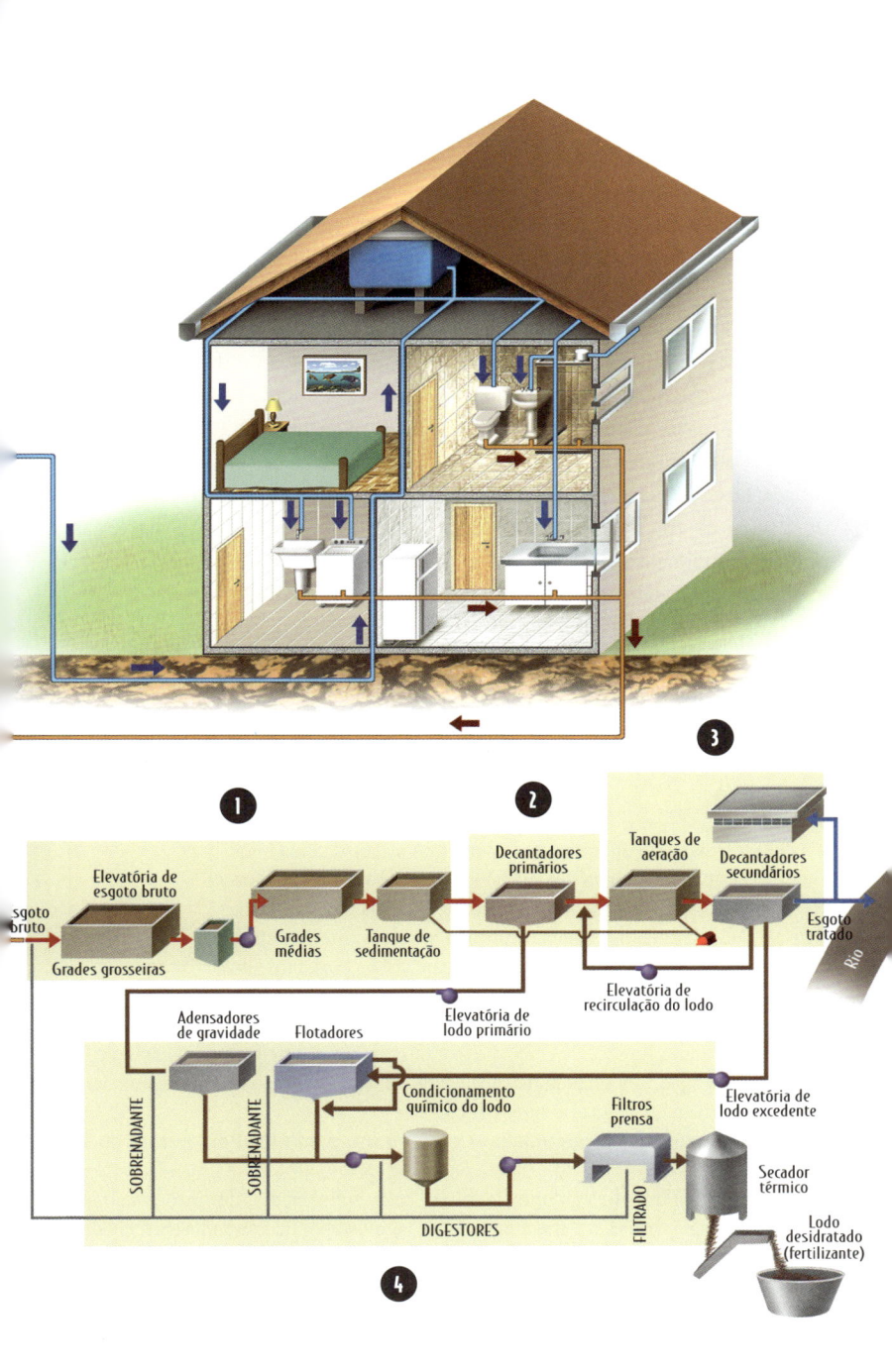

ram cidades, o destino dos esgotos tornou-se um problema crucial. Assim como os efluentes industriais, que precisam ser tratados antes de serem despejados nos mananciais, o esgoto doméstico tem de ser recolhido e depurado para que não contamine o meio ambiente.

Os sistemas de tratamento do esgoto doméstico, a exemplo do que ocorre com as estações de tratamento de água, tentam imitar os processos de depuração que ocorrem na natureza, fazendo com que os resíduos orgânicos sejam decompostos por micro-organismos.

Primeiro, o esgoto é submetido a um tratamento físico preliminar, no qual passa por filtros e grades, que retêm resíduos mais grosseiros, como garrafas ou trapos. Nessa etapa, os dejetos também passam por um tanque de sedimentação, onde a areia contida na água se deposita e pode ser retirada.

Na sequência, o líquido percorre lentamente um decantador, de modo que os sólidos que ainda estiverem em suspensão, na sua maioria óleos e gorduras – e tiverem uma densidade maior do que a do líquido – se depositem. O efluente resultante passa para um tanque de aeração, onde é agitado e recebe uma injeção de grandes quantidades de ar. Este vai alimentar os micro-organismos – bactérias e fungos, dentre outros – que vão acelerar a degradação natural dos resíduos orgânicos. Eles compõem uma massa conhecida como lodo ativado.

Uma vez concluída essa etapa, o efluente é levado a um segundo de-

O que é?

Adutora: tubulação ou canal usado para levar a água de uma fonte até a estação de tratamento ou daí para os reservatórios periféricos.
DBO: Demanda Biológica de Oxigênio. É a medida da quantidade de oxigênio dissolvida na água e utilizada pelos micro-organismos na oxidação bioquímica da matéria orgânica. É, portanto, um parâmetro para avaliar a pureza de um corpo hídrico: quanto maior o grau de poluição, maior a DBO.
DQO: Demanda Química de Oxigênio, parâmetro (como o item anterior) do grau de poluição da água. É a medida da capacidade de consumo de oxigênio pela matéria orgânica presente na água ou num efluente.
Emissário: coletor que encaminha o esgoto a um ponto final de despejo ou de tratamento.
Estação de tratamento: conjunto de instalações e equipamentos destinados ao tratamento. Quando dedicada a tratar água bruta para uso público ou industrial, chama-se ETA (Estação de Tratamento de Água); para tratamento de esgotos domésticos, chama-se ETE (Estação de Tratamento de Esgotos ou Efluentes Industriais).

cantador, onde o lodo ativado é retirado. Parte dele volta ao tanque de aeração para aumentar o número de micro-organismos ativos. O restante é desidratado e passa por uma série de tratamentos extras, após o que pode ser descartado num aterro sanitário ou destinado a cultivos agrícolas, onde serve de fertilizante – uma prática comum, porém bastante questionada, porque esse material pode conter contaminantes, como metais pesados. A água que sai do decantador secundário já pode ser despejada num rio ou vendida para indústrias, onde será aproveitada.

Público ou privado?

As empresas de abastecimento de água e saneamento básico têm sido bastante cobiçadas ao longo dos últimos anos por representarem um mercado avaliado em bilhões de reais. A concessão desses serviços no Brasil foi regulamentada em 5 de janeiro de 2007, com a lei nº 11.445, chamada de Lei do Saneamento. Ela definiu as competências de União, estados e municípios e determinou como seria a participação de investimentos privados. O decreto de regulamentação, porém, só foi assinado pelo presidente em junho de 2010. O documento ampliou o conceito de saneamento básico, abrigando as quatro modalidades: abastecimento de água, esgotamento sanitário, manejo de águas pluviais e resíduos sólidos.

O assunto é polêmico. Os defensores da presença do capital privado no saneamento argumentam que a privatização permite ampliar a faixa da população atendida pelo abastecimento de água, bem como a coleta e o tratamento de esgotos. Os críticos sustentam que experiências similares em outros países, sobretudo na Inglaterra, na França e na Argentina, demonstraram que a privatização não é eficaz, pois são frequentes os conflitos entre as empresas e o interesse público. Há algum consenso apenas quanto à participação do setor privado em áreas periféricas, tais como consultoria, obras, fornecimento de materiais e projetos.

A primeira concessão de um serviço de saneamento brasileiro ao setor privado ocorreu em Limeira, no interior de São Paulo, em 1995. No início, as concessionárias – a brasileira Odebrecht e a francesa Ondeo, antiga Lyonnaise des Eaux – enfrentaram muitas críticas do Ministério Público, que buscou anular o contrato com o argumento de que houve aumentos de tarifa excessivos. O serviço vingou e, em 2007, a Odebrecht criou a Foz do Brasil, empresa dedicada a investir e operar projetos de água e esgoto, tratamento de resíduos e efluentes industriais e disposição de resíduos sólidos urbanos. Em 2010, a concessão de Limeira registrava o menor índice de perda na distribuição de água, 17% (a média nacional supera os 40%), e 100% de cobertura de água e esgoto, o que lhe garante um índice de satisfação do público de 98%. A empresa está presente em outras 15 cidades do país, distribuídas por seis estados.

O preço da água

Em muitos países, entre os quais França e Japão, começa-se a cobrar pelo uso da água bruta. Até hoje, a prática mais comum é pagar apenas pelo serviço de tratamento e distribuição, e não pela água em si.

No Brasil, a ideia começou a ser discutida durante a elaboração da Constituição de 1988, que lançou as bases para a criação, em 2000, da Agência Nacional de Águas (ANA), encarregada de organizar a cobrança e assegurar o bom destino do recurso arrecadado. Esse dinheiro deve ser investido na própria bacia onde se originou e tem de ser usado na manutenção de mananciais (pela recomposição das matas ciliares, por exemplo) e na melhoria do descarte de esgoto e do lixo. Os opositores da cobrança temem aumento de custos e a má gerência de recursos.

A cobrança começou em 2002, pela bacia do Rio Paraíba do Sul, e incluiu municípios paulistas, cariocas e mineiros. Em 2009, a arrecadação ali ficou em torno de R$ 2,6 milhões. Nas bacias dos rios Piracicaba, Capivari e Jundiaí, em São Paulo, foram apurados cerca de 15,5 milhões de reais. No estado do Rio de Janeiro, do Paraíba do Sul, a cobrança funciona nas bacias do rio Guandu, da baía da Ilha Grande, da baía da Guanabara, do lago São João, do rio Macaé e rio das Ostras e do rio Itapaboana. Há previsão de que o estado de Minas Gerais a adote nas bacias do rios Piracicaba e Jaguari, Velhas e Araguari.

Agenda

- **Trata Brasil – Saneamento é saúde**
  www.tratabrasil.org.br

- **Sabesp – Companhia de Saneamento Básico do Estado de São Paulo**
  www.sabesp.com.br

- **Snis – Sistema Nacional de Informações sobre Saneamento**
  www.snis.gov.br

Saúde e Prazer
10

CONDUÇÃO DA VIDA

DOENÇAS

SAÚDE

CAPÍTULO 10 – SAÚDE E PRAZER

Condução da vida

É difícil acreditar que a fonte de toda vida pode representar um risco de morte. No entanto sabemos – basta abrir os jornais – que uma vasta gama de doenças relacionadas à água (ou à falta dela) atinge, todos os dias, um grande contingente humano.

A água mata nos países pobres. Mata porque é escassa e, sobretudo, porque é ruim; mata porque poços, mananciais, rios e fontes são continuamente contaminados por esgotos e por indústrias, e porque é assim, suja e sem tratamento, que ela chega a populações inteiras. A morte pela água é típica das situações extremas, de guerra e miséria. Na Guerra do Paraguai, no século XIX, uma epidemia de cólera espalhou-se pelos campos de batalha e, após dizimar soldados, atingiu as cidades banhadas pela Bacia do Prata; em 2003, médicos e organizações internacionais tentavam conter o surto da doença que se alastrava pelo Iraque arrasado após a guerra com os Estados Unidos. Entre um e outro século, entre uma e outra guerra, essa e muitas outras moléstias continuaram fazendo vítimas na África, nas Américas, na Ásia.

Essa realidade convive com outra, bem diferente: a água que é peça fundamental nos tratamentos de saúde, que alimenta e embeleza a pele, que – vinda das fontes e engarrafada – movimenta um amplo mercado. Mas para que todos possam usufruir dos benefícios da água de boa qualidade e em quantidade suficiente, é necessário rompermos o ciclo da sujeira e da doença. São benefícios que incluem saúde, beleza e prazer – o básico – para todos nós.

Doenças

Os números assustam: segundo relatório da ONU de 2010, intitulado "Água doente", é mais elevado o número de pessoas que morrem por ano por causa de doenças relacionadas à água do que por todos os tipos de violência. Do total de leitos em hospitais ocupados no mundo

CAPÍTULO 10 — SAÚDE E PRAZER

todo, mais de 50% estão tratando de pacientes vítimas de doenças ligadas à água. O registro de mortes desse tipo de causa corresponde a 3,7% do total. Muitas vítimas são crianças. De acordo com o documento, por ano, em torno de 1,8 milhão de crianças menores de 5 anos morrem vítimas de moléstias hidrotransmissíveis. A forma como a água atua na propagação dessas doenças é variável; por isso, a maior parte dos sanitaristas e estudiosos do assunto divide os distúrbios de fundo hídrico em dois grandes grupos: o das doenças transmitidas pela água e o daquelas originadas pela água. No primeiro grupo a água é o meio de disseminação dos agentes (bactérias, vírus, parasitas) que causam moléstias. No segundo, é a causa primária, contaminando os consumidores com os poluentes que carrega. Duas faces da mesma situação.

Doenças de transmissão hídrica

A falta de saneamento básico, de rede de esgotos e de educação sanitária faz da água o principal vetor para a propagação de uma longa série de doenças infecciosas, que podem ser classificadas segundo sua forma de transmissão.

COM SUPORTE NA ÁGUA

Causadas por micro-organismos presentes na água, as moléstias deste grupo transmitem-se pelo ciclo oral-fecal: o indivíduo contrai a doença ao beber água contaminada e, por sua vez, contamina a água com suas excreções (fezes ou urina).

Entre essas doenças estão a cólera, a febre tifoide e a disenteria bacilar, infecções intestinais causadas por bactérias. Todas provocam febre e

Da Ásia, pelo Peru, para o Brasil

Descrita desde a Antiguidade, a cólera é uma doença de fácil propagação. Espalha-se rapidamente, em pandemias – surtos que afetam diversas regiões do mundo ao mesmo tempo. Desde o século XIX, houve sete pandemias de cólera no mundo. A primeira iniciou-se em 1817, na Índia, após um período de enchentes do Ganges; a última começou na Indonésia em 1961, e após passar pela África e pela Europa, alcançou a América Latina em 1991, atingindo inicialmente o Peru e dali o Brasil, por meio da floresta amazônica. A doença, até então considerada erradicada do país, atingiu as regiões Norte e Nordeste, onde o acesso ao saneamento e ao tratamento da água é escasso. Entre 1991 e 1994, a incidência aumentou para depois se estabilizar, começando a cair a partir de 1996. Em 2000, apenas o Nordeste registrava casos confirmados. A partir de 2006, estava praticamente erradicada.

diarreias de intensidade variável, mais violentas entre crianças, idosos e desnutridos. Nesses grupos elas se tornam mais perigosas, podendo conduzir rapidamente à desidratação. A disenteria amebiana é causada por um protozoário – uma ameba cujos ovos (cistos) são comuns em água contaminada por fezes humanas. Uma vez ingeridos, os cistos eclodem no intestino do portador, causando úlceras ou diarreias; podem ainda alcançar a corrente sanguínea, alojando-se no fígado, nos pulmões ou no cérebro. As complicações nesse caso são graves e às vezes levam à morte.

A hepatite A é uma infecção do fígado causada por vírus. A cura, que é espontânea, leva de três semanas a um mês. Os adultos são mais propensos às formas mais graves (as "hepatites fulminantes"); ainda assim, esses casos são incomuns – atingem menos de 1% dos infectados.

A VITÓRIA CONTRA A PÓLIO

A poliomielite é uma doença viral aguda causada por um vírus transmitido pela água ou por alimentos contaminados. O vírus destrói as células nervosas que controlam os músculos, paralisando-os; embora possa acometer pessoas de qualquer idade, é mais comum em crianças, motivo pelo qual é conhecida como "paralisia infantil". Teve alta incidência no Brasil até a década de 1980. Graças a um programa de vacinação em massa, a pólio foi erradicada do país: o último caso registrado oficialmente ocorreu em 1989; em 1994 a Comissão Internacional para a Certificação da Pólio oficializou a erradicação da doença na América Latina. A vitória, porém, não foi mundial. De acordo com a OMS, só em 2009, foram contabilizados mais de 1.600 casos em 26 países no mundo, principalmente da África e da Ásia. A pólio ainda é endêmica em quatro deles: Nigéria, Afeganistão, Índia e Paquistão.

Roupa filtrante

Os *saris* – roupas típicas das indianas, feitas com uma longa peça de tecido colorido enrolada no corpo – revelaram uma insuspeitada utilidade. Alguns estudos mostram que, empregados como filtro para água, podem reduzir a incidência de cólera. Dobrando velhos *saris* em quatro e usando-os como filtros sobre vasos onde se despeja a água do rio, as mulheres indianas eliminariam até 99% do total de vibriões coléricos. A vantagem desse método é que ele é muito mais barato que a esterilização da água pela fervura – a madeira para alimentar o fogo é de difícil obtenção em alguns pontos da Índia, Bangladesh e outros países da região. Além disso, não há casa indiana onde não se encontre pelo menos um *sari*.

CAPÍTULO 10 – SAÚDE E PRAZER

Doenças relacionadas ao contato com a água

Incluem-se aqui as infecções contraídas pelo contato entre a pele e a água. O exemplo clássico é a esquistossomose, doença amplamente distribuída pelo mundo e pelo Brasil (há 7 milhões de infectados no país). A doença é causada por um verme – o esquistossoma – cujos ovos são eliminados pelas fezes ou pela urina do portador; na água, os ovos eclodem, produzindo larvas que se alojam num tipo específico de caramujo aquático. Esse caramujo, por sua vez, produz um segundo tipo de larva que penetra no homem através da pele, dando continuidade ao ciclo.

Outra doença de contato é a leptospirose, que acomete primariamente animais – entre eles o rato, grande vilão da transmissão urbana da doença. Abundante nos esgotos das cidades, o rato elimina a bactéria da leptospirose pela urina. Enchentes e inundações levam a água contaminada por essa urina até a população; a bactéria penetra no corpo humano pela pele (se houver cortes ou arranhões, o contágio é ainda mais fácil). Também é possível contrair a bactéria pela ingestão. A doença provoca febre, diarreia,

Desidratação e soro caseiro

O grande risco representado pelas diarreias infecciosas é o da desidratação, ou seja, da perda excessiva de água pelo organismo. A perda hídrica é ainda maior nas situações em que a diarreia é acompanhada por vômitos e febre (a febre aumenta a sudorese). As crianças desidratam-se mais depressa que os adultos. Globalmente, a diarreia é a segunda causa de mortalidade infantil, segundo o Unicef. No Brasil, estima-se que 60% das internações de crianças com menos de 1 ano sejam causadas pela falta de água potável ou saneamento adequado.

Quando o organismo se desidrata, perde também sais minerais, os quais precisam ser repostos. Por isso, o tratamento deve ser feito à base de soro, e não apenas de água pura. O soro caseiro – uma solução de água, sal e açúcar – constitui uma excelente alternativa de tratamento para crianças sob ameaça de desidratação, e no Brasil o Ministério da Saúde tem conduzido campanhas frequentes para popularizá-lo. Mas ele também não é isento de perigo: as medidas de sal e açúcar devem ser exatas, caso contrário podem provocar distúrbios sérios no organismo infantil. Para driblar o risco, o Unicef e a Pastoral da Criança distribuem colheres-medida para o preparo do soro. O Ministério da Saúde também distribui, nos postos de saúde, embalagens com sais de reidratação oral já prontos para o uso. É importante lembrar que a água em que se prepara o soro deve ser de boa qualidade. É inútil – e prejudicial – prepará-lo com a mesma água contaminada que originou a doença.

dor abdominal e eventualmente icterícia, hemorragias e meningite; pode comprometer o funcionamento dos rins. Segundo a Fundação Oswaldo Cruz, em 10% dos casos graves são registradas situações de coma e morte.

Doenças associadas a vetores que se desenvolvem na água

A água, e sobretudo a parada, é o hábitat perfeito para o desenvolvimento de vasta gama de insetos transmissores de doenças. Três doenças são endêmicas em diversos países em desenvolvimento, inclusive no Brasil.

A dengue é uma infecção aguda provocada por um vírus transmitido pela picada do mosquito *Aedes aegypti*. A pessoa acometida apresenta sintomas semelhantes aos da gripe, com febre alta, dores pelo corpo e cansaço (a prostração é uma das possíveis explicações para o nome da doença). Pacientes que têm dengue uma vez, se novamente infectados pelo vírus, podem desenvolver a variedade hemorrágica da doença – mais perigosa e muitas vezes letal. Assim, as regiões em que a incidência da dengue é alta apresentam também os maiores índices de dengue hemorrágica. O *Aedes aegypti* também é responsável pela transmissão da febre amarela, que ocorre em todas as regiões do Brasil. A doença provoca febre alta e dores musculares, e normalmente regride após 5 dias. Números do Ministério da Saúde mostram que cerca de 10% dos pacientes evoluem para a forma mais grave, apresentando hemorragias, vômitos, diarreias e icterícia (amarelamento dos olhos e da pele, o que explica o nome da doença). Cinquenta por cento desses casos graves resultam na morte do paciente. No entanto, se consideradas todas as formas da doença, esse índice varia de 5% a 10%.

A malária é transmitida pela fêmea do mosquito *Anopheles*, que, assim como o Aedes, procria em águas paradas e limpas (o que não significa, evidentemente, que águas paradas e sujas sejam preferíveis). Esse raciocínio tortuoso chegou a nortear ações oficiais: no Rio de Janeiro, uma das formas de erradicar o mosquito era poluir o mangue com uma camada de óleo queimado). Na década de 1940 havia no Brasil 8 milhões de casos; hoje a doença prevalece na Amazônia Legal (região que abrange Acre, Amapá, Amazonas, Mato Grosso, Pará, Rondônia, Roraima, Tocantins e parte do Maranhão), embora haja registros de casos isolados nas regiões Sudeste e Sul, principalmente no Rio de Janeiro. Os sintomas iniciais confundem-se com os da gripe. Sem tratamento, porém, a doença pode causar lesões nos rins, pulmões e cérebro.

Dengue no Brasil

O *Aedes aegypti*, transmissor da dengue e da febre amarela, multiplica-se rapidamente nas estações de chuvas e de calor. A dengue é, assim, uma doença típica dos trópicos, e durante séculos foi considerada uma febre benigna que poderia acometer os viajantes. Natural da África, o *Aedes* espalhou-se pelo mundo transportado nos porões dos barcos e navios. Uma epidemia de febre amarela atingiu o Recife em 1685, o que demonstra que o mosquito já se disseminara no território brasileiro. No século XVIII, uma epidemia de dengue atingiu a África, a Ásia e a América.

No começo do século XX, os cientistas Oswaldo Cruz (1872-1917) e Emílio Ribas (1862-1925) encabeçaram uma campanha maciça de erradicação do *Aedes* no Brasil, com o objetivo de combater a febre amarela, então a grande ameaça à saúde pública mundial. O programa foi bem-sucedido, mas o mosquito foi novamente identificado na década de 1940. Seguiram-se novas campanhas de sucesso pouco duradouro, até que em 1973 o mosquito foi considerado oficialmente erradicado do país. A vitória foi curta: em 1976 um novo foco foi descoberto em Salvador; no início dos anos 1980, uma epidemia assolou os estados do Norte, atingindo rapidamente todo o território nacional. O fato é que entre o pós-guerra e o fim do século, novas condições ambientais – no Brasil e no mundo – permitiram uma extraordinária proliferação e disseminação do *Aedes*. Houve um crescimento desordenado das cidades, quase sempre acompanhado por grandes deficiências no sistema sanitário; os materiais que passaram a fazer parte do dia a dia urbano – pneus, plásticos, alumínio – transformaram-se em criadouros permanentes e ideais para as larvas. Além disso, o planeta tornou-se mais quente e as viagens internacionais, mais rápidas e frequentes. A exemplo do que aconteceu em outras partes do mundo, a dengue tornou-se endêmica no Brasil, que eventualmente observa surtos epidêmicos, como no início de 2010.

Há quatro tipos de vírus que causam a doença, e as manifestações clínicas são idênticas em todos. Até o fim dos anos 1990, apenas os ti-

O que é?

Endemia: é a presença permanente ou usual de uma doença na população de determinada área geográfica.
Epidemia: é a ocorrência de muitos casos da mesma doença na população de determinada área geográfica.
Pandemia: é a disseminação de uma doença em diferentes regiões do globo.

pos 1 e 2 haviam sido identificados em território nacional. Em 2000 foi detectada, pela primeira vez, a presença do tipo 3. Em 2010, o Ministério da Saúde confirmou casos de dengue tipo 4 em Roraima. Quem tem dengue uma vez fica imunizado apenas para o tipo de vírus contraído. Assim, quem adoece de dengue provocada pelo vírus 1 pode contrair a de tipo 2. O grande risco reside na reincidência da moléstia que, se assumir a forma hemorrágica, pode levar o doente à morte. Entre janeiro e agosto de 2009 foram registradas 406.883 ocorrências, com 166 mortes. O governo tem organizado campanhas nacionais de combate ao *Aedes*.

Doenças relacionadas à higiene

Neste grupo, o que conduz à doença é a escassez ou a dificuldade de acesso à água, bem como a falta de educação sanitária. Um exemplo é o tracoma, infecção ocular que, segundo estimativa da OMS, é a causa da cegueira de 6 milhões de pessoas no planeta. A doença é causada por uma bactéria, e o contágio se dá pelo contato direto com secreções do olho ou por meio de lençóis, toalhas e objetos mal lavados e compartilhados. Moscas domésticas também podem ser transmissores. O Brasil tem focos de tracoma em todo seu território; no Piauí, Bahia, Ceará, Pernambuco e Tocantins a doença assume caráter endêmico.

Assim como o tracoma, a escabiose – a popular sarna – é transmitida pelo contato pessoal em regiões em que a higiene é precária. Não se trata de uma infecção, mas de uma parasi-

Lavar as mãos

"*Depois de brincar no chão de areia a tarde inteira*
Antes de comer, beber, lamber, pegar a mamadeira
Lava uma mão, lava a outra"
Arnaldo Antunes, "Lavar as mãos"

Água e sabão bastam para prevenir a transmissão de um sem-número de doenças infecciosas – da gripe à infecção hospitalar. A importância desse gesto cotidiano é conhecida desde o século XIX, quando o francês Louis Pasteur (1822-95) mostrou que a febre puerperal, que acomete mulheres após o parto, propagava-se rapidamente porque era transmitida pelas mãos dos médicos que atendiam as pacientes. Hoje, o mais óbvio, conhecido e desrespeitado preceito de higiene – o de lavar as mãos antes de comer – ainda pode salvar vidas. "Se conseguíssemos ensinar as mães a tomar esse cuidado antes de tocar qualquer coisa que vá à boca do bebê, talvez acabasse a mortalidade por diarreia infantil no país", afirmou o médico paulistano Drauzio Varella em artigo publicado no jornal *Folha de S.Paulo* (16/6/2001).

tose externa causada por um ácaro que penetra na pele, escavando pequenos túneis. Ali ele deposita seus ovos, que eclodem em cerca de uma semana, dando continuidade à infestação. Ao coçar as lesões, o portador pode infeccioná-las.

PARASITAS, QUESTÃO DE SAÚDE PÚBLICA

A escabiose e a amebíase são parasitoses, ou seja, doenças provocadas por parasitas – organismos que vivem à custa de outro, o chamado hospedei-

Doenças de transmissão hídrica

Classificação	Doenças	Agente	Transmissão
Com suporte na água	Cólera	*Vibrio cholerae* (vibrião colérico)	Água/alimentos (sobretudo frutos do mar)
	Febre tifoide	*Salmonella tiphy*	Água/alimentos (sobretudo laticínios)
	Disenteria bacilar	Bactéria do gênero *Shiguella*	Água/alimentos/ contato direto
	Disenteria amebiana	Protozoário (*Entamoeba histolítica*)	Água contaminada/ alimentos
	Hepatite A	VHA (vírus da hepatite A)	Água/alimentos/ contato direto
Relacionadas à higiene	Tracoma	Bactéria (*Chlamydia trachomatis*)	Contato direto com secreções ou objetos infectados
	Escabiose (sarna)	Ácaro (*Sarcoptes scabiei*)	Contato direto com pessoas ou objetos (roupas, toalhas) infectados
Causadas por contato com a água	Esquistossomose	Verme (*Schistosoma mansoni*)	Contato da pele com água contaminada por larvas produzidas pelo caracol, hospedeiro
	Leptospirose	Bactéria (*Leptospira interrogans*)	Contato da pele com água contaminada por urina de ratos, os mais comuns hospedeiros da bactéria
Causadas por vetores que se reproduzem na água	Dengue	Vírus do gênero *Flavivirus*	Picada do mosquito *Aedes aegypti*, hospedeiro intermediário
	Febre amarela	Vírus do gênero *Flavivirus*	Picada do mosquito *Aedes aegypti*, hospedeiro intermediário
	Malária	Protozoário (*Plasmodium*)	Picada do mosquito *Anopheles*

CAPÍTULO 10 — SAÚDE E PRAZER

ro. A escabiose, assim como a pediculose (infestação por piolhos), relaciona-se com deficiências de higiene e acesso à água. Porém as mais temíveis e difundidas parasitoses são as intestinais, como a amebíase. Segundo a OMS, esse tipo de infestação atinge 3,5 milhões de pessoas em todo o mundo, causando anemias e diarreias crônicas ou agudas.

Embora sejam mais frequentes em regiões socialmente desfavorecidas, os parasitas intestinais propagam-se muito facilmente e são encontrados também na zona urbana e em regiões servidas por rede de esgoto. As parasitoses podem ser provocadas por vermes (*Ascaris*, *Trichiuris*) ou protozoários (*Giardia*).

Doenças de origem hídrica

Os efluentes das indústrias, os produtos utilizados pela agricultura, os resíduos de uma série de atividades humanas podem contaminar gravemente a água, passando dela para animais e vegetais – ou seja, alcançando todas as etapas da cadeia alimentar. Às vezes, as substâncias químicas causam intoxicações agudas e evidentes; em muitos casos, porém, a exposição contínua e prolongada a micropartículas de poluentes resulta em doenças crônicas, de difícil diagnóstico.

Um dos grandes vilões da saúde pública são os agrotóxicos, pesticidas usados na lavoura. Estima-se que, por ano, 3 milhões de pessoas se contaminem no planeta, 70% delas em nações em desenvolvimento. De acordo com a Funasa (Fundação Nacional de Saúde), o Brasil é um dos maiores consumidores mundiais desse tipo de produto; pode-se deduzir, portanto, que é também uma das grandes vítimas de seus efeitos secundários, embora a mensuração desse tipo de intercor-

Pelo cano

O chumbo foi utilizado na fabricação de encanamentos domésticos desde a Antiguidade até meados do século passado, quando foi gradativamente substituído pelo PVC (não é por acaso que a palavra *plumber*, encanador em inglês, deriva de *plumbum*, chumbo em latim). Houve estudiosos que chegaram a relacionar o declínio do Império Romano ao envenenamento progressivo pela água conduzida em encanamentos de chumbo. A teoria é duvidosa, mas o perigo não. E ele – o perigo – continua presente, pois muitas edificações ainda possuem tubulações antigas. Os consumidores da água que circula nesses canos estão sujeitos ao saturnismo, ou seja, à intoxicação crônica pelo metal. Um estudo conduzido entre 2000 e 2001 pelo pesquisador Paulo Teixeira e divulgado pela Universidade de São Paulo constatou a presença de chumbo – proveniente de instalações hidráulicas – na água de grande parte das escolas públicas de São Paulo.

CAPÍTULO 10 – SAÚDE E PRAZER

rência seja difícil: o uso dos pesticidas é amplo e de difícil controle, e a maior parte da população desconhece seu impacto sobre a saúde. A OMS calcula que para cada caso de intoxicação oficialmente notificado no país, 50 passem despercebidos.

Entre os produtos mais perigosos estão aqueles classificados como POPs (poluentes orgânicos persistentes), que permanecem longo tempo – até 30 anos – no meio ambiente. Em 1985, o uso agrícola de pesticidas desse tipo foi proibido no Brasil (ainda são empregados pelas autoridades de saúde para combater insetos vetores de doenças em campanhas de saúde pública). Os inseticidas podem comprometer a capacidade reprodutora, o sistema nervoso e os órgãos renais.

Resíduos industriais são também importantes fontes de contaminação das águas. Aqui, o perigo é representado sobretudo pela presença de metais. Os mais frequentemente encontrados em corpos d'água poluídos em todo o mundo são:

Arsênio: relaciona-se com diversos tipos de câncer; causa distúrbios nervosos e lesões ósseas.

Cádmio: causa lesões nos rins e nos ossos; pode prejudicar o sistema reprodutor e o trato gastrintestinal.

Chumbo: compromete o cérebro e o sistema nervoso, provoca surdez, irritabilidade e distúrbios de comportamento. Em crianças, causa atraso no crescimento e no desenvolvimento intelectual. Intoxicações agudas podem resultar em lesões renais, convulsões, coma e morte.

Cromo: é cancerígeno; ocasiona inflamações na pele e na mucosa nasal.

Mercúrio: na intoxicação aguda, provoca náuseas, diarreias, danos aos rins; as intoxicações crônicas caracterizam-se por disfunções neurológicas, irritabilidade, depressão, dificuldades motoras, na salivação e na deglutição.

Zinco: em excesso, causa fraqueza, irritabilidade, náuseas.

Saúde

Presente em todas as funções do organismo humano, a água exerce um papel fundamental nos rins. São eles que filtram o sangue, eliminando metabólitos (produtos da degradação do metabolismo), regulam a produção dos glóbulos vermelhos, controlam o balanço químico e de líquidos do corpo. Os rins contribuem também para o controle da pressão sanguínea.

O sangue chega aos rins pelas artérias renais. Ali é filtrado. A parte "limpa" retorna à circulação; os metabólitos são eliminados pela urina. É uma atividade incessante: os rins fil-

CAPÍTULO 10 — SAÚDE E PRAZER

tram todo o sangue de uma pessoa 12 vezes por hora. Se o sistema falhar, ocorre uma situação chamada uremia, que se caracteriza por náuseas, fraqueza e desorientação.

Se, por algum motivo – infecções, diabetes, hipertensão –, o rim perder sua capacidade de filtração, é preciso recorrer à hemodiálise, ou seja, um sistema artificial de filtragem do sangue. As funções dos rins são substituídas por uma máquina, que recebe o sangue do paciente e o devolve, purificado, ao organismo. Essa filtragem é feita por meio de uma solução que remove as impurezas contidas na corrente sanguínea. A água utilizada nessa solução deve ser submetida a tratamento especial para evitar contaminações, como a que ocorreu em 1996 na cidade pernambucana de Caruaru, onde 54 pacientes de uma clínica de hemodiálise morreram por intoxicação. Descobriu-se que a água que abastecia a clínica provinha de açudes contaminados por cianobactérias. Depois da tragédia, o Ministério da Saúde passou a regulamentar os serviços de diálise, estabelecendo uma série de exigências quanto à qualidade da água utilizada nos aparelhos.

Fisioterapia

A imersão na água diminui o peso do corpo e oferece resistência ao movimento ao mesmo tempo que ameniza impactos. É, portanto, um meio adequado não apenas para a prática de esportes, mas também para exercícios terapêuticos. A fisioterapia na água – geralmente praticada em piscinas aquecidas – tem um enorme leque de indicações, atuando no alívio de dores e na reabilitação de pacientes com distúrbios neurológicos ou ortopédicos de diferentes níveis de gravidade. As técnicas de hidroterapia são tão diversificadas quanto suas indicações. Entre as mais divulgadas hoje estão a *Bad Ragaz* (que trabalha com o realinhamento da postura) e o *watsu* (adaptação para a água dos movimentos do

Água ou isotônicos?

A maior parte dos médicos e nutricionistas recomenda o consumo diário de cerca de 2 litros de água, quantidade que pode ser aumentada quando o calor é excessivo ou durante a prática de esportes – ou seja, em situações em que se transpira muito. Em pessoas saudáveis, não há risco de sobrecarregar os rins, o que somente ocorre em quem já sofre de insuficiência renal ou cardíaca. A água pura é suficiente para manter a saúde do organismo. Bebidas isotônicas – preparados com concentrações de sais e glicose semelhantes às do sangue, o que garante a rápida absorção desses nutrientes e a reposição de energia – devem se restringir a esportistas cujas atividades durem mais de 60 minutos.

shiatsu, técnica de massagem oriental). Exercícios físicos na piscina fortalecem a musculatura respiratória e são por isso especialmente adequados para o tratamento de disfunções pulmonares, como a asma.

Homeopatia

Os princípios fundamentais da homeopatia foram formulados no fim do século XVIII pelo médico alemão Samuel Hahnemann (1755-1843). Seu ponto de partida é a ideia de que "semelhante cura semelhante", ou seja, a cura se dá pela ação de substâncias que, em altas doses, causariam a doença. Os medicamentos homeopáticos utilizam esses elementos em quantidades infinitesimais, diluídas em água e ingeridas em doses periódicas. Aí reside o outro – e o mais controvertido – pilar da teoria homeopática: para Hahnemann e seus seguidores, quanto mais a substância ativa é diluída, mais aumenta sua potência, o que vai de encontro às leis básicas da química. Em alguns casos, a diluição é tamanha que nada mais resta da molécula inicial, mas a água teria uma espécie de "memória", guardando a lembrança da substância diluída e reproduzindo seus efeitos quando submetida a uma intensa agitação. A despeito das críticas da comunidade científica, a homeopatia cresce internacionalmente e é reconhecida, no Brasil, pelo Conselho Federal de Medicina e pela Associação Médica Brasileira.

Águas terapêuticas

Graças ao seu poder como solvente, a água carrega consigo partículas das rochas por onde passa. Esses minerais agem de diferentes formas sobre o corpo humano, podendo ser utilizados terapeuticamente.

A disciplina que estuda as propriedades curativas da água mineral chama-se crenoterapia, e até o início do século XX gozava de sólida reputação nos meios médicos. A afluência às estâncias hidrominerais era intensa, tanto para o turismo quanto para tratamentos de saúde. Com o incremento da indústria farmacêutica, a crenoterapia entrou em declínio, e as virtudes das águas minerais não são reconhecidas por todas as correntes da medicina – para alguns, os efeitos positivos se dão pela ingestão da água em si, não dos minerais que ela carrega. Polêmicas à parte, a tradição permanece, atribuindo indicações precisas aos vários tipos de água encontrados nas fontes minerais:

Alcalina: indicada para distúrbios digestivos, renais e de vesícula.
Bicarbonatada: digestiva, é usada no tratamento de gastrites, cálculos renais e problemas hepáticos.
Carbônica: para distúrbios gástricos e hepáticos.
Ferruginosa: para anemias.

Magnesiana: tem ação laxativa, diurética e desintoxicante.
Oligomineral: contém, em baixa concentração, diversos sais; é o tipo predominante no Brasil.
Radioativa: tem ação sedativa, diurética e digestiva. Atua contra cálculos renais e biliares.
Sulfurosa: estimula o metabolismo, combate alergias, é desintoxicante.

Para beber

Todas as águas são iguais? Por que algumas são mais caras que outras, e por que há pessoas dispostas a pagar tanto por uma garrafinha de água mineral? Essas dúvidas não são incomuns no Brasil – afinal, não temos tradição na degustação de águas minerais. Nosso consumo anual, com base nos dados do DNPM (Departamento Nacional de Produção Mineral) é de 24 litros *per capita*. Nos Estados Unidos – o maior consumidor mundial – é de cerca de 110 litros. A exiguidade do consumo brasileiro contrasta com o tamanho das reservas do país e da população total. Outros países com o elevado consumo são: México, China (com crescimento de 15,6% 2003 para 2008), Itália, Indonésia, Alemanha e França.

Ainda que os números sejam comparativamente pequenos, o mercado brasileiro de água mineral está em as-

Proteção para os dentes

O flúor é um elemento químico encontrado em diferentes concentrações na natureza e de comprovada ação como preventivo da cárie, promovendo o endurecimento do esqueleto e do esmalte dos dentes, especialmente entre crianças de até 6 anos. A maneira mais efetiva de levá-lo à população é adicionando-o à água. No Brasil, as primeiras experiências nesse sentido ocorreram em 1953; em 1975, a fluoretação da água para abastecimento público tornou-se obrigatória nas cidades com mais de 50 mil habitantes. Em 2006, pelo menos 53% dos dos brasileiros – sobretudo nas regiões Sul e Sudeste – consumiam água fluoretada. Estudos apontam que a medida pode reduzir em 50% a incidência de cáries entre as crianças.
A dosagem, porém, deve ser criteriosamente estabelecida: o excesso de flúor pode causar enfraquecimento ósseo e dental, num conjunto de sintomas chamado fluorose. A dose considerada apropriada para um país quente como o nosso – em que se bebe muita água – é de 0.7 ppm (partes por milhão); em países mais frios, em que o consumo de água é menor, pode chegar a 1 ppm. Quem mora em cidades servidas por águas fluoretadas deve ter atenção redobrada para evitar a ingestão de doses extras do mineral: é importante ler os rótulos dos produtos para checar sua presença e quantidade. Uma recomendação importante é escovar os dentes com pequenas porções de creme dental – quase todos contêm flúor –, vigiando as crianças para que não o engulam.

CAPÍTULO 10 — SAÚDE E PRAZER

> ### A limpeza como ameaça
>
> A água (e a limpeza) nem sempre foi sinônimo de saúde. Na Europa dos séculos XVI e XVII acreditava-se que ela entrava no corpo, fragilizando os órgãos internos. Lavavam-se, quando muito, as mãos e o rosto. Nas Américas, o costume europeu de pouco banho foi contrabalançado e vencido pela herança indígena – os índios tomavam vários banhos por dia. O filósofo francês Michel Foucault (1926-84) menciona outro uso da água na antiga medicina: nos asilos europeus do século XIX, os doentes eram surpreendidos por jatos de água fria, com o que se pretendia chamar o louco à razão, castigá-lo ou humilhá-lo.

censão: a produção nacional cresceu 104% entre 1997 e 2001. O período de 2001-2008 também registrou aumento. A produção de água mineral e potável de mesa envasada passou de 3,73 bilhões de litros para 4,37 bilhões. Na primeira década do século XXI, as marcas nacionais começaram a disputar espaço, procurando diferenciar-se nas prateleiras por meio de novos produtos e de embalagens mais atraentes e disputando espaço com refrigerantes. Ao mesmo tempo, o consumidor está mais exigente e já percebe as diferenças – às vezes sutis – entre elas.

A água que movimenta esse mercado não é um líquido insípido. "A água mineral tem sabor", afirma o geólogo Carlos Alberto Lancia, da Abinam (Associação Brasileira das Indústrias de Águas Minerais). O sabor de cada uma depende dos sais minerais presentes na fonte de onde brota. Pode ser, portanto, mais adocicada, salgada, leve ou pesada. Em geral, a água mineral brasileira tem características mais leves; as europeias têm maior concentração de sais, o que as torna mais "pesadas".

QUESTÃO DE GOSTO

As águas têm, portanto, características muito particulares: podem ser mais ou menos mineralizadas, em razão do ciclo subterrâneo; em locais em que a formação rochosa é vulcânica, as fontes são mais quentes, e a água dissolve e absorve mais facilmente os sais. A composição físico-química, portanto, é exclusiva de cada água, e a menos que marcas diferentes envazem a bebida da mesma fonte, nenhuma é igual à outra. O importante, na hora da escolha, é que elas sejam incolores, cristalinas e inodoras. O resto depende do paladar individual.

O PODER DA GRIFE

Algumas marcas de água mineral tornaram-se referência no mercado internacional – verdadeiras grifes que conferem *status* a quem as consome.

CAPÍTULO 10 — SAÚDE E PRAZER

> **Águas mineralizadas artificialmente**
>
> São aquelas retiradas de qualquer fonte, tratadas em laboratórios e depois adicionadas de sais minerais. Algumas podem receber corantes e sabores artificiais.

É o caso da italiana San Pellegrino. Bem equilibrada em sais minerais e levemente gasosa, ela brota nos Alpes, de uma profundidade de 700 metros. Outras famosas são a portuguesa Águas Salgadas, as francesas Evian e Perrier, a também italiana San Benedetto, a alemã Apollinaris e as escocesas Highland e Chiltern Hills. São artigos de luxo, restritos ao público de mais poder aquisitivo. Com apelo ligado ao "exotismo" da Amazônia, um empresário americano criou a marca Equa, produzida próximo a Manaus e autoproclamada a mais pura do mundo.

No Brasil, o preço dessas marcas é altíssimo, se comparado ao das similares nacionais. Nem sempre, porém, elas agradam o paladar nacional, acostumado a águas leves e adocicadas.

COM OU SEM GÁS?

Em geral, as águas gasosas são produzidas artificialmente com a adição de gás carbônico durante o engarrafamento, na proporção desejada. Por isso, há marcas mais efervescentes que outras. Há também fontes de água mineral naturalmente gaseificada. Ainda assim a água passa por um processo artificial: por ser volátil, parte do gás se perde no processo de envazamento; é então recolhido na saída da nascente e recolocado novamente no engarrafamento. Recomendada para quem tem problemas digestivos, esse tipo de água tem consumo irrisório no país.

DE OLHO NO RÓTULO

Nem toda água engarrafada é mineral e nem sempre é de boa procedência. Para sua segurança, o consumidor deve observar no rótulo das garrafas dois itens: o Decreto de Lavra, com número do DNPM, e a autorização do Ministério da Saúde. Juntos, esses dois órgãos controlam e fiscalizam todo o processo de industrialização das águas minerais. Quando se for comprar garrafões de 10 ou 20 litros, é preciso observar também sua data de validade, que não pode ultrapassar 3 anos.

O rótulo também fornece a composição química da água e o tipo de gaseificação. Águas que recebem gás artificialmente trazem a inscrição "água mineral natural com gás" ou "gaseificada artificialmente". No rótulo das que são naturalmente gasosas lê-se "água mineral gasosa natural" ou "reforçada com gás da fonte".

Decálogo do consumidor consciente

1. Reutilize a água sempre que possível. Você pode, por exemplo, recolher a sobra de sua máquina de lavar roupas para limpar o quintal ou lavar tapetes e panos de chão – para isso, basta direcionar o cano plástico da máquina para um balde ou tanque. Você também pode colocar baldes no quintal para captar água da chuva e usá-la para regar o jardim ou lavar o carro. E ainda ganhar com isso porque sua conta diminuirá.

2. Programe a máquina de lavar de acordo com a situação real das roupas. A posição "roupa muito suja" inclui duas lavagens e dois enxágues, o que é demais para peças pouco usadas – fique, sempre que possível, com a opção "roupa suja". Além disso, lave as roupas de uma única vez, preenchendo a capacidade total da máquina. Dessa forma, evita-se enchê-la de água novamente para lavar poucas peças.

3. No verão, o melhor é regar as plantas bem cedo ou bem tarde. Evite o horário entre 9 e 17 horas, quando o processo de evaporação é mais intenso. No inverno, prefira regá-las pela manhã em dias alternados. E se possível escolha para o jardim plantas que precisam de pouca água para viver, como cactos, violetas e pinheiros.

4. Restos de produtos tóxicos – tintas, limpadores de forno (que contêm soda cáustica), polidores de metais e móveis, naftalina e óleo – não devem ser descartados na pia, no ralo ou no solo, pois acabam atingindo e contaminando os lençóis freáticos. É melhor que seu destino final seja mesmo o lixo. E atenção aos procedimentos: antes de lavar um pincel usado, limpe o excesso de tinta num papel e jogue este fora.

5. Embora sejam importantes e necessários para a conservação do meio ambiente, os processos de reciclagem de materiais consomem muita água. O ideal, portanto, é comprar apenas o essencial. Mas é claro que não devemos deixar de encaminhar para reciclagem aquilo que consumirmos.

6. Prefira produtos de limpeza pouco tóxicos, que não degradem o meio ambiente. Um pouco de água e sabão são o suficiente para limpar a maioria dos ambientes e objetos da casa que, supostamente, requerem produtos "especiais".

7. Procure não levar animais de estimação à praia porque eles transmitem doenças por meio da água ou da areia. Diversas cidades litorâneas já têm legislação nesse sentido, uma vez que tanto o tratamento da água contaminada quanto o atendimento aos doentes resultam em gastos para o município.

8. O relógio de água (hidrômetro) da sua casa pode denunciar vazamentos. Para fazer a verificação, feche bem todas as torneiras, desligue os aparelhos que usam água, não utilize os banheiros e deixe os registros da parede abertos. Vá até o hidrômetro e anote o número que aparece ou marque a posição do ponteiro maior. Uma hora depois, veja se o número mudou ou se o ponteiro se movimentou. Se isso ocorreu, é sinal de que há vazamento.

9. Caso a conta da água seja dividida igualmente entre todos os condôminos do prédio em que você mora, tente propor a mudança desse sistema. Se quem gasta mais passar a pagar mais, a tendência é haver uma redução do consumo, pois o uso excessivo vai doer no bolso dos esbanjadores. Em contrapartida, quem consumir menos, pagará menos.

10. A fabricação de embalagens de isopor, copinhos e sacolas plásticas demanda grande gasto de água. Por isso, se puder, evite comprar alimentos embalados em plástico ou isopor e prefira transportá-los em sacolas de pano ou lona. Quanto aos copos, procure abolir o uso de descartáveis, ou utilize o mesmo várias vezes – não pegue um novo copo a cada vez que quiser beber algo.

A Coleção Entenda e Aprenda

Em forma de guia e com uma linguagem direta e clara, os livros da coleção apresentam informações sobre assuntos que afetam o nosso dia a dia e despertam amplo interesse, mas parecem inacessíveis aos não especialistas. Os livros têm projeto gráfico leve e agradável, que facilita a leitura e a compreensão dos temas abordados.

Outros livros da Coleção

Como cuidar do seu dinheiro

Como cuidar do seu meio ambiente

Como exercer sua cidadania

Como organizar suas viagens aéreas

Economia mundial para iniciantes

Esportes de aventura ao seu alcance

Tecnologia da informação para todos

Transgênicos e células-tronco: duas revoluções científicas

Esta obra foi composta pela **BEĨ** Editora em Berkeley
e impressa sobre papel Chinese White Wood Free 100 g/m²,
em tiragem de 5.000 exemplares, em outubro de 2010.